# 管理铁军

刘文举◎著

广东旅游出版社
GUANGDONG TRAVEL & TOURISM PRESS
悦读书·悦旅行·悦享人生

中国·广州

图书在版编目（CIP）数据

管理铁军 / 刘文举著 . — 广州：广东旅游出版社，2023.12

ISBN 978-7-5570-3127-5

Ⅰ . ①管… Ⅱ . ①刘… Ⅲ . ①企业管理 Ⅳ . ① F272

中国国家版本馆 CIP 数据核字 (2023) 第 156478 号

出 版 人：刘志松
责任编辑：张晶晶　梁斯棋
责任校对：李瑞苑
责任技编：冼志良

**管理铁军**

**GUANLI TIEJUN**

广东旅游出版社出版发行
（广州市荔湾区沙面北街 71 号首层、二层　邮编：510130）
印刷：北京晨旭印刷厂
（北京市密云区西田各庄镇西田各庄村）
联系电话：020-87347732　　邮编：510130
787 毫米 ×1092 毫米　　16 开　　13.5 印张　　169 千字
2023 年 12 月第 1 版　　2023 年 12 月第 1 次印刷
定价：58.00 元

［版权所有　侵权必究］
本书如有错页倒装等质量问题，请直接与印刷厂联系换书。

# 前言

　　管理铁军，是指负责营销、财务、技术、人力资源、运营等各类管理岗位的干部。企业的目标实现、系统执行、业绩达成，必须靠一支职业化的管理铁军。

　　再优秀的个体脱离平台的支持也无法变得伟大，再优秀的企业没有团队意识也迟早会分崩离析。团队精神是企业实现克服困难、达成目标的重要基础，只有组建一支拥有共同的奋斗目标、能够高效执行的企业团队，才能使企业立于不败之地。

　　一个人持续不断的竞争力，源于对梦想的坚持与信仰。当管理者用目标引导团队、用机制管理团队、用氛围塑造团队之时，一个优秀的团队便逐渐成形，并在激烈的市场竞争中不断取胜。

　　在相同的行业中，为什么有的企业能蒸蒸日上，有的企业却每况愈下？一个重要的原因是团队的凝聚力。团队性较差的企业缺少一个共同实现的目标，随着企业内耗的加剧，员工就会逐渐丧失荣誉感，缺乏凝聚力，最终人心涣散。在团队性较强的企业，团队成员有着共同的目标，能够清晰地描述如何达成相关计划，在荣誉感和集体精神的激励下不断努力，这样的企业必然能在激烈的市场竞争中占据一席之地。

　　营造良好的团队氛围，形成优秀的企业文化，是企业管理者的重要职责。团队精神的实质是一种力量，这种力量是通过共同的信仰、一致的行动、优良的工作作风、共同认可的价值观念、标准的行为规范凝聚起来的一种合力。团队精神可以塑造，并通过对员工的教育得以传播，同时通过激励机制发扬光大，再借助员工的力量表现出来，得以传递下去。

企业团队的塑造，不仅需要企业文化的引导和管理氛围的营造，更需要管理者通过制度的设计和执行机制的有效落实，实现对团队成员长期有效的激励。因此，无论是绩效考核还是薪酬层级设计，都通过分解企业目标、分析关键岗位，通过员工自我驱动，使员工自我完善、自我优化，不断挖掘自身潜能，积极主动地完成任务，从而实现自我价值和团队目标。

管理企业不是企业家一个人的事情，企业家要通过组织化、系统化，建立企业组织和企业家组织，运用机制设计实现企业的自我管理与自我优化。企业的执行团队要帮助企业家实现细节管理，智囊团队要帮助企业家实现战略规划，并且通过职业生涯设计、绩效考核、薪酬分配机制让员工获得荣誉、利益和权利。

管理铁军为企业家解决企业管理的六大核心问题：

第一，企业干部难培养，培养速度太慢；

第二，企业干部能力太弱；

第三，管理团队思想无法统一；

第四，管理者执行力太差；

第五，管理者的能力无法激活；

第六，企业目标难以实现。

我们主要依托管理的思想、管理的工具、管理的执行三个维度，通过原理讲授、工具辅助、方案制作、时时训练四个环节，帮助企业提高团队文化及信仰铸造能力、团队目标规划及达成能力、团队绩效考核及辅导能力、团队干部组建及复制能力、团队人才培养及引进能力、团队训练及执行能力这六大能力。

**我们认为，管理铁军要体现十大核心价值：**

第一，帮助老板打造一支思想统一的团队；

第二，帮助企业打造一支具备胜任能力的执行团队；

第三，帮助企业构建一套招人、用人、育人的模型；

第四，帮助企业制定一套绩效考核的全流程方案；

第五，帮助企业干部掌握管理原理化、科学化、数据化的工具与流程；

第六，帮助企业建立一套外部人才引进及内部人才培养的体系；

第七，帮助企业激活干部的工作效率，促进目标的实现；

第八，帮助企业监督干部学习转化过程，陪伴干部一起成长；

第九，帮助企业营造管理氛围，梳理企业的干部文化；

第十，帮助企业实现系统建设落地，用少数人影响一群人。

# 目录

## 第一章　铁军信仰铸造

### 营造一切氛围做管理　　003
带团队就是带能量场　　003
价值领导力塑造领导魅力　　005
营造氛围的构架能力　　005

### 管理的本质是一群人影响另一群人　　008
做好印象管理　　008
带团队就是带团队的欲望和决心　　008
带团队就是带团队的注意力　　009
决定团队成功的是短板　　009
对上管理，对下负责　　011

### 铁军信仰打造　　015
何谓企业文化　　015
何谓信仰　　015
铁军团队灵魂和信仰　　016

- I -

## 服从团队，成就铁军 ..... 018
服从，需要扮演好自己的角色 ..... 019
服从，要学会成就他人 ..... 020
服从，是一种敬畏 ..... 020
服从，是一种融入 ..... 021

## 多一些正向思维 ..... 022
正向思维 ..... 022
正向思维的表现 ..... 022

## 行动高于一切 ..... 024
员工要敢于行动 ..... 024
领导也需要行动 ..... 025

# 第二章　铁军目标规划及达成

## 企业经营与管理 ..... 029
什么是经营 ..... 029
什么是管理 ..... 029
经营和管理的关系 ..... 030
经营的三要素 ..... 034
管理的三要素 ..... 034
经营思维与管理思维 ..... 036
经营与管理的过程 ..... 037

## 目标规划 — 039
### 承诺目标 — 039
### 被迫目标 — 039

## 业绩目标 — 040
### 业绩目标设定的步骤 — 040
### 各级目标的设定 — 045
### 其他经营目标的设定 — 048
### 设定目标的注意事项 — 049

## 管理目标 — 051
### 产品目标 — 051
### 系统流程目标 — 053
### 团队人才目标 — 054

## 目标达成 — 056
### 根据历史数据确立核心目标 — 057
### 设立核心团队的联合目标 — 060
### 制作行动方案，进行里程碑式的推进 — 064
### 顺位管理 — 066
### 检视状态 — 067
### 目标和收益挂钩 — 068
### 复盘 — 068

## 目标管理的常用工具 — 069
### 看板管理 — 069

| 公众承诺书 | *071* |
| 目标责任协议书 | *072* |
| 业绩 PK 设计 | *082* |

# 第三章　铁军团队组建与机制平台建设

## 企业发展的六个阶段　　　　　　　　　　*093*
个体户 / 初创期　　　　　　　　　　*095*
有限公司部门制 / 发展期　　　　　　*097*
有限公司中心制 / 扩张期　　　　　　*099*
事业部与分、子公司并行 / 平台期　　*102*
集团公司制 / 产业链期　　　　　　　*107*
投资集团公司制 / 资本期　　　　　　*110*

## 经营企业就是经营关键人才　　　　　　　*114*
提高客户满意度需要关键人才　　　　*114*
如何经营关键人才　　　　　　　　　*115*

## 人才是怎么来的　　　　　　　　　　　　*117*
出身　　　　　　　　　　　　　　　*118*
处境　　　　　　　　　　　　　　　*118*
知识　　　　　　　　　　　　　　　*119*
经验　　　　　　　　　　　　　　　*119*
年龄　　　　　　　　　　　　　　　*119*
品德　　　　　　　　　　　　　　　*119*

## 企业用人的常见方法     120
显性用人     120
隐性用人     120
PK 用人     120
考试用人     121

## 企业需要过的关     122
营销关     122
产品关     122
人才关     123
管理规范关     124
资本关     124
国际化关     124

## 人才引进的原则     125
少引进战略型人才，多引进执行型人才     125
管理者需自我培养，技术人才需挖掘     125
引进和企业匹配的人才     126
有驱动力的人才     126
认可公司的人才     127

## 招聘操作细节     128
介绍公司     128
一般需要三个面试官     128
面试的形式     129
人才市场如何做招聘     130

做好招聘说明会 　　　　　　　　　　131

## 第四章　铁军绩效考核与辅导

**绩效管理流程**　　　　　　　　　　135
　常见的绩效考核方法　　　　　　　135
　绩效考核的目的　　　　　　　　　136
　绩效考核的主体　　　　　　　　　136
　绩效考核的顺序　　　　　　　　　138
　绩效考核、工作分析、组织架构、战略规划
　之间的逻辑关系　　　　　　　　　140

**绩效考核的全流程**　　　　　　　　142
　梳理公司目标　　　　　　　　　　143
　量化工作内容，形成工作分析表　　144
　从工作分析表中找出关键项　　　　148
　把关键项转化为考核指标　　　　　149
　制作绩效考核表　　　　　　　　　149
　人力资源部修订、审核绩效考核表　149
　确认并签字　　　　　　　　　　　149
　绩效辅导　　　　　　　　　　　　150
　评估改进　　　　　　　　　　　　151
　绩效考核结果的转换　　　　　　　152

**绩效考核表制作**　　　　　　　　　155
　考核评分表　　　　　　　　　　　155

| 考核指标如何选取 | *161* |
| 考核指标数量把握 | *162* |
| 不同层级的考核思路 | *162* |
| 考核表制作关键点 | *163* |
| 自我评分与上级评分 | *164* |

## 业绩考核指标设定　　　　　　　　　　*165*
| 业绩考核指标来源 | *165* |
| 高管考核指标设定及分解 | *165* |
| 部门岗位考核指标设定及分解 | *166* |

## 行为考核指标设定　　　　　　　　　　*168*
| 行为指标选取 | *168* |
| 各岗位行为指标示例 | *169* |
| 如何判断员工的行为 | *170* |
| 行为考核的步骤 | *171* |
| 行为考核的用途 | *171* |
| 行为考核结果应用 | *172* |

## 考核结果的应用　　　　　　　　　　　*173*
| 考核结果的用途 | *173* |
| 绩效考核与薪酬的互动 | *174* |
| 晋升标准 | *180* |
| 心态培训和技能培训相互配合 | *180* |

## 绩效面谈辅导与沟通 　　182
绩效面谈的沟通模型 　　184
绩效考核各个阶段的沟通 　　188
行为绩效面谈 　　189
不同类型员工的沟通方式 　　190
不同类型员工的管理方式 　　190
绩效考核常见的 22 个问题 　　190

**后记** 让《管理铁军》更好地应用于企业 　　197

# 第一章

## 铁军信仰铸造

信仰是一种强大的精神力量，优秀团队必有牢固的信仰作为其精神基石。团队信仰植入，是打造管理铁军的第一步。

# 营造一切氛围做管理

## ▍带团队就是带能量场

团队业绩好，往往反映了团队的氛围比较好；团队业绩差，往往反映了团队的氛围比较差。如果我们想预测某个团队未来的业绩增长，就要参考该团队目前的状态：状态好，未来的业绩不会太差；状态不好，未来的业绩可能不会有太大的提升。因此，管理是在管理团队的状态。

状态是什么？状态就是一种能量场。我们可以这样理解，**带团队就是带能量场。**

人的能量由四个维度组成，分别是动力、引力、下坠力、阻力。如图1-1所示。

所谓动力，是指充满着斗志、激情的能量。所谓引力，是指能引领团队和员工成长进步的人和事物的正能量。当下坠力、阻力大于动力和引力时，团队和员工就会被负能量场控制，正能量场就失效了，团队也就没有未来。

```
        动力
         |
    阻力—能量—引力
         |
        下坠力
```

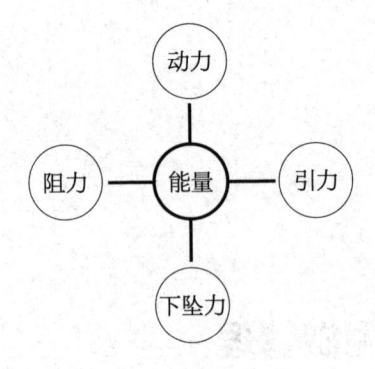

图 1-1　人的能量的四个维度

进入一个正向的、积极的能量场，人就会充满斗志；而一旦进入负向的能量场，人就会越来越没有斗志，甚至堕落。

有人说，公司有的人性格外向，善于交际，营造氛围的能力比较强，而自己性格内向，就不会调动气氛。我认为这种理解过于片面，性格和氛围营造没有必然的联系，关键在于我们是否懂得营造氛围。如果我们会营造氛围，就亲自做这件事；如果自己没有能力做，就请会营造氛围的人做这件事，这就叫借力。

当我们意识到带团队需要营造氛围时，就意味着我们带领的团队正进入一个正确的发展通道，我们的能量也在聚集，并且不断增长。

一个好领导不但要会做人、做事，还要懂得营造氛围。

在带团队时，领导要增加员工的动力，减少员工的阻力和障碍。然而有的领导会人为地给员工制造障碍，打击团队的积极性。比如，他们经常说员工这也不行，那也不行，缺乏对员工的鼓励。

## ▎价值领导力塑造领导魅力

传统的领导力叫权力领导力，比如在企业里面我拥有决定薪酬权、奖罚权等权力。你在一个岗位，就拥有这个岗位的权力；一旦你离开了这个岗位，也就不具备这些权力了。

随着管理的不断发展，领导力发展到一个新的层次——非权力领导力。在企业里，最能体现非权力领导力的就是意见领袖，此人可能不是企业领导，却在企业中具有很大的影响力和人格魅力，他的一些行为可能会影响团队或企业整体。

这两种领导力也在迭代，现在通常被叫作价值领导力，即通过领导力创造价值或者利益。别人跟着你一定是有所求的，比如员工跟着你能获得相应的价值，能力得到提升，收入得到增加，这叫你的价值领导力。如果别人在你身上没有得到价值，别人就不愿意听你的了。

老板要认真思考价值领导力。有一些管理者，别人从他们身上无法得到价值，那么别人为什么还要跟随他们？我在多年前跟我们公司的干部说，要学会把自己口袋里的一些东西和大家分享。比如，向大家介绍你的工作经验、你的思考模式等。

## ▎营造氛围的构架能力

营造氛围讲究构架的能力，大致有以下三个层面。

第一个层面，在工具的指导下开展工作。

比如，我来到一个陌生的地方，想去机场但是不认识路，怎么办？这时我可以利用导航帮助我到达目的地。导航就是工具，它能指引我们完成目标。

第二个层面，在专家的指导下开展工作。

还是上面的情景，我想去机场，但是不认识路，也没有导航，我该怎么办？这时我可以向路人求助，询问到达机场的路线。路人在这一情景下扮演了专家的角色，指点我怎么到达目的地。

第三个层面，自创。

例子同样，我要去机场，既没有导航，路上也没有人，怎么办？我就要做一些规划，在头脑中绘制一张地图，凭借方位感到达目的地。这就是自创。

很多企业老板在了解过长松公司的工具包，学习过"企业操盘手"和"组织系统班"课程之后，便在自己的企业开始应用。一段时间之后，收到了良好的效果。然而，也存在一些企业老板学习过"企业操盘手"和"组织系统班"课程仍无法将方案导入企业的情况。这时就需要专家帮助企业老板梳理企业存在的问题和框架流程，做好组织架构设计、方案制定、员工培训，以及方案的前期导入和后期跟踪等工作，这种全方位陪伴会让企业收到较好的效果。当然，也有些企业既没有购买工具包，又没有听过操盘手课程，自己请专家把企业经营得比较出色。

如果以前没有可借鉴的经验，也要勇于尝试。比如网上直播带货是近些年兴起的营销模式，刚兴起时没有现成的经验可以借鉴。我们该怎么做？这就需要我们结合网上直播带货的特点和消费者的痛点，探索出一条新路径。

基层员工要能用，可以完成自己的工作；中层干部要能解决当下问题，类似专家；企业的高层、决策层，特别是老板要有长远的眼光，老板更多是在规划未来，构架未来，所以我们会说老板是活在未来的人。如果老板天天谈的是过去，这家企业是有问题的，企业的成长发展会受到阻碍。

工具指导代表过去，专家指导代表当下，自创代表未来。

企业老板要有远见，要会规划未来。如果老板不给员工规划未来，那么员工就会辞职，去其他企业找未来。

知识体系对我们的发展有重要影响，而企业老板的认知决定企业的发展。

要想成为优秀的总经理，你就要在这个岗位历练，付出行动。如果你只是天天想着"我要成为优秀的总经理"而不去行动，很大程度上无法实现目标。

老板不仅要会规划，更要会思考，至于具体的工作，老板可以安排其他人，即企业中的管理层去做。老板不能不切实际、漫无目的地思考，否则会给企业发展带来困难或阻力。

老板想得太多，员工无法领会老板的意图，可能会使不出力气。老板站在高处，员工站在地上，中间缺少一个联结二者的纽带，就可能导致头重、脚轻、腰细等怪相出现。老板要经常思考未来，干部要经常思考当下，解决当下的问题，基层员工要懂得思考过去，总结经验，并做好具体的工作。

# 管理的本质是一群人影响另一群人

## ▎做好印象管理

营造氛围的过程就是造场的过程，主要包括几个环节：造势—打造印象或人设—实施—形成氛围。

其中，打造印象是较为重要的环节。

印象主要分为两种：一种是积极的印象，一种是消极的印象。大多数人都希望能给别人留下积极向上、友善的印象。不仅人如此，企业产品也要给大众留下好印象。比如，大品牌留给人们的印象通常是产品质量过硬、服务良好。

## ▎带团队就是带团队的欲望和决心

我们希望企业做到物质和精神的双赢，不能一味地谈精神，要让团队有更强的欲望和决心。

我们公司将如何激发人的决心和动力，总结为"八换"——换服装、换手机、换手表、换车、换房、换学历、换子女教育、换身份。每一次的"换"看似是物质层面的提升，本质上是能力的提升与飞跃。例如，我们公司的管理层大部分都在通过不断的学习，提升自己的学历，即"换学历"。换完学历，大多数人会对自己的工作、生活有着更为深刻的理解。

我建议大家写出自己必须要实现的50个人生目标，并且告诉自己一定要实现这些目标。比如，你想让父母拥有哪种晚年生活，子女接受什么样的教育，等等。

带团队就是带团队的欲望和决心，也就是说要想让团队有欲望，我们的干部就必须有欲望。作为团队的负责人，你自己都没有进取心，缺乏对成功的渴望，你的员工还会有进取心吗？

## 带团队就是带团队的注意力

我们发现，团队的注意力越集中，目标实现的可能性就越大。很多人没有实现自己的目标，不是没有能力，而是目标过于分散，精力过于分散，导致效率过低。

## 决定团队成功的是短板

一个人可能会擅长一到两个领域，但是很难做到擅长多个领域。我们培训行业会讲课的老师不计其数，但很多老师既不会做营销，也不会带团队；那些营销做得很好、团队也带得很好的老师，讲课的水平却可能不高；既能带好团队又能讲好课的老师，在中国培训行业屈指可数。

> 我有一位江西的客户起初做房地产开发，积累了大量财富。随着政策的不断调整，以及房地产市场的变化，他决定转型。

经过考察，他选择做粮油生意。一年之后，利润大概有100万元。他开始思考，能否找到一些具有更高价值的产品，从而获得更高的利润。他决定利用当地资源，着手柚子深加工，并且向我咨询这个项目是否可行。

我问了他两个问题。第一个问题：预计的市场空间有多大？面向当地，面向全国，还是面向全球？我们知道，市场空间足够大，才有机会获得足够多的利润。如果开辟更大的市场，就意味着市场要扩大到全省，甚至全国。

第二个问题：你是否有能力带好团队？他原来做房地产生意，是地方性房地产企业。这种团队规模较小，结构比较单一。比如，设计可以找设计院，施工可以找专业的施工队，甚至销售都可以找专业的销售团队。而柚子深加工产业对团队的要求比较高，最好有自己的研发、生产、销售、采购等专业团队。即便在当地，这种深加工产业也需要配备销售、技术、生产、后勤支持、财务、行政、仓储、物流等部门，需要建立一个跨职能的综合性团队，至少需要30~50人。对他而言，这是一个较大的挑战。

他能否通过学习，迎接这一挑战？比如，学习如何成立及扩张营销团队，怎么建立机制，如何确定生产标准，如何规范生产流程。即使自己不学习，也可以请专业人士做好相应的工作。有人会说，此时再从头学起，即使可以转化为成果，也要经历漫长的时间，时间成本过高。我们知道，学习成果转化为经济成果需要一定的时间。如果事情从长远来看，学习某件事具有很大的价值，就是值得的。

案例中的老板在房地产行业的成功，离不开政策和机遇。现在，他打算投身柚子深加工行业，只靠政策和机遇是远远不够的，还要靠技术、靠系统。我们思考问题，要思考它的本质，分析其内在的逻辑。内在逻辑就是木桶理论，即一个木桶的盛水量，取决于木桶上最短的那块木板。任何一家企业、一个团队，可能都会面临同一个问题：构成组织的各个部分水平参差不齐，而劣势部分往往决定整个组织的水平。

做同样一件事，如果一个有天赋的人和别人同样努力，他得到的结果可能会好一些。为什么有的老板投资第一个项目能成功，投资第二个项目也能成功，投资第三个项目还能成功，有的老板却在投资一两个项目之后才会成功？

其实要想成功地做好一件事，需要一套知识体系。有的人做几件事，每次都能成功，在于他的知识体系比较完备。有的人一开始成功，做第二件事时就失败，因为他掌握的知识体系不完备，无法为他做的第二件事提供足够的支持，注定要失败。跨行业只是表面现象，实质是跨知识体系。

我们做事要发挥自己的长处，学会规避短板。决定个人发展的是长处，决定团队发展的是短板。我们要清楚自己擅长什么，当自己的知识体系无法支撑要做的事，也无法承担试错风险时，还是要谨慎行事。我们分析问题要分析其本质，思考其背后的逻辑。

## 对上管理，对下负责

管理的本质就是一群人影响另一群人。让一个人影响一群人似乎有些难度，所以我们要学会用一群人去影响另一群人，用一个组织去影响另外一个组织。

假设我们在 A 岗位，有直接上级 A+、直接下级 A-，以及平级 B。在 A 岗位，要想完成目标，仅仅靠个人的力量可能存在一些困难，必须依靠整个团队的力量。

凡是在A岗位做得比较好的人，往往和自己的直接上级关系比较好。下级与你的关系再好，如果你和上级存在矛盾和冲突，你的目标也很难实现。领导不拥护你，不支持你，不帮你，你想把事做成就太难了。领导如果要提拔一个人，多半会提拔那个拥护他的人。而我们身边经常有这样的人：看不起领导，背后说领导坏话，当面质问领导，当面跟领导拍桌子，要挟领导。你如果连未来指引自己方向的人都不认可，可能也很难有出路。

请大家思考一下，你与你的直接上级关系和谐，当你遇到困难时，上级会不会帮助你、支持你？大家一定要记住，不要说别人的坏话，只要说了，即使关系再好，也会出现裂痕。

每次上课，我会问现场的学员是否看得起领导。我看大家的表情就知道结果了。当然，下级和平级依然很重要，但是很多人忽略了上级，优秀的人会争取上级领导对自己的认可、信任、支持，甚至是帮扶。

我们有上级、下级、平级，在带团队时，既存在着管理，也存在着负责。我们都不希望自己每天被领导管束，我们的下属也不希望总是被我们管束。所以，我们要学会换位思考，对上管理，对下负责。

员工到一家公司工作，最看重三件事：第一，在公司能挣到钱；第二，通过工作得到能力提升和成长；第三，在公司有良好的工作氛围，保持心情愉悦。

员工要想挣到钱、得到成长、心情愉悦，就必须有一个成果。没有成果哪来的收入？没有成果哪来的成长？没有成果哪来的开心？所以，管理层要做到对下负责，一定要有成果。下级可以不喜欢管理者的管理风格，但是管理者对下级的负责，是不能被否定的。

一个人不希望别人管理他，却希望有人对他负责，让他有成果、有收入，能够得到成长，有所收获。

我们看看下面两种情况。

第一种情况：当下属无法完成目标时，你带着下属去找老板，说："老板，市场环境太差了，竞争对手也不按套路出牌，我们完不成目标。"尽管你暂时说服了老板，但是没有成果。如果该下属有一天从公司离职，他的竞争力是在减弱的。

第二种情况，一位下属没有成果，你严厉批评他，强迫他出成果。对方肯定有很大的抵触情绪，但他有成果。如果有一天他从公司离职，他的竞争力是在增强的。

所以如果你一直包庇你的下属，就没有成果，尽管当下你们的关系很好，如果有一天他离开团队，他会埋怨你，认为是你的原因，让他在团队中什么都没有得到。如果你管理严格，可能他当时有情绪，但是成长了，即使他离开团队，也会觉得在团队中有所收获，会感激你。

所以我向大家分享一个观点：如果你的下属回顾自己的职业生涯，认为在你的团队工作时是他人生最骄傲的一个阶段，你就成功了；如果他离开你的团队，回顾这段经历时发现这是他人生最糟糕的阶段，他就会埋怨你。所以每一位管理者都要认真思考，如何帮助下级，如何去成就他，这叫价值领导力。

对上管理，要做到：

管好上级的时间，时间的本质就是效率；

管好上级的资源，上级的资源基本都是免费的；

管好上级的情绪。

对下负责，要做到：

下面有成果就是最好的负责。

如果对下没有成果，对上也是空谈，我们要弄清二者之间的逻辑。

营造一切氛围做管理，管理的本质就是一群人影响另一群人。大家要认真思考，慢慢理解和感悟。

# 铁军信仰打造

## 何谓企业文化

企业文化是一个组织或团队在长期的经营活动中形成的,是企业内部成员普遍认可并遵循的价值观、思维方式、行为准则的总和。

企业文化具有传承性。经过长期的沉淀,员工扎根在企业这块土地,并且不断强化这种文化。

每个团队都有独特的文化,文化经过长期的沉淀而成。企业文化发端于创始人,传承于员工,所以也有人认为企业文化是老员工文化。

## 何谓信仰

信仰是企业文化的一部分,而且在企业文化体系中居于核心层。信仰是广义企业文化的核心部分,存在于团队成员心灵最深处,时刻影响个人的行为。塑造铁军团队,必有自己的灵魂和信仰,有凝聚力和战斗力,确保团队的方向一致、文化一致、行动一致。

## 铁军团队灵魂和信仰

根据中小型民营企业的实际情况，铁军团队具体可以分解为三个方面。

第一，岗位胜任力提升。

管理与负责：对上顺畅沟通，才能获得支持；对下负责担当，才会有人跟随。

业绩能力：设计流程，量化关键技能，提升自己，团队业绩有保障。

训练能力：辅导并提高下属绩效，训练员工，培养接班人。

第二，四大作风培养。

结果导向：业绩是硬标准，没有借口，用业绩说话。

追求完美：高标准、严要求，力争做到完美。

立即行动：行动力、执行力强。

服务成长：服务员工，服务客户，成就自己。

第三，六大关系。

服从与抗拒：服从与接纳是解决抗拒最好的处理方式。

挣钱与值钱：一个人挣钱是值钱的副产品，只有值钱才能挣更多的钱。

目标与思想：先统一目标，再统一思想，用统一目标的方法去统一思想。

知道与做到：知道没有任何意义，做到才有价值。

证明问题与解决问题：我们不要总去证明问题，而要去解决问题，解决问题比证明问题更有用。

消极思维与积极思维：从消极思维向积极思维转变。

铁军团队的灵魂和信仰，可以概括为：铜膀铁臂，来之能战，战之能胜，温暖护航。它主要包含以下三层含义。

一是勤劳臂膀：老板是企业的灵魂，其任务是思考战略；将蓝图变为现实，需要手和脚去执行，铁军团队如同扛起任务的肩膀、勤劳的手臂。

二是听话照做：铁军团队处于企业的执行层面，各自都有明确的岗位职责，所以听话照做是优秀的品质，但也不能忽视创新。

三是结果导向：铁军团队的价值在于业绩实现，团队战斗力最为宝贵，具有铜和铁般的毅力，用结果来证明自己的价值。

## 服从团队，成就铁军

2022年是我们公司成立的第13个年头，在这13年里，我们先后扩张了55家分、子公司。北京分公司成立以后，总经理韩月就开始招兵买马组建团队。北京分公司有几个人管理能力、业务能力都很突出，公司准备让他们到其他地区成立分公司。我们就把韩月调到另一个地方做总经理，把另一个人调到南昌担任南昌分公司的副总经理。北京分公司就在原有的员工里面提拔一个做总经理。

当时南昌分公司总经理叫郭露萍，是从长沙分公司调过去的。从北京分公司来的副总经理要协助从长沙分公司来的总经理开展业务，然而他们在公司的经营中存在一些冲突。

副总经理认为，要按照北京分公司的做法开展业务，这样才能迅速开发市场。而总经理坚持用自己当年在长沙分公司的做法开展业务，她认为该做法接地气，更容易启动项目。二人都认为自己的想法是正确的，谁也不让步。

2012年7月，我们公司举办庆典。在聚餐时，我对南昌分公司的代表说，他们团队似乎有矛盾。随后，我就收到一封批评南昌分公司总经理的匿名信。我让行政总裁处理这件事情。

行政总裁给了南昌分公司总经理两个建议：第一，调离南昌分公司；第二，离开这个平台。南昌分公司总经理表示一定要留在这个平台，我们就让她到呼和浩特分公司担任总监。当时呼和浩特分公司总经理也听说了南昌分公司发生的矛盾，担心自己所在的公司也会出现类似情况。我告诉他，不会发生类似情况的。

2012年12月，我们公司办了一次预备总经理训练营，当时来了50多位储备干部，呼和浩特分公司总经理也参加了训练营。在训练营中我讲了如何扮演好总经理的角色等内容。训练营结束后，呼和浩特分公司总经理向我表示："刘老师，放心吧，我一定做一个好总经理。"

在那一年，呼和浩特分公司在16家分公司中排进了前五名，业绩有了很大幅度的提升。后来，我又将这名总经理调到昆明分公司当总经理。当时昆明分公司业绩低、利润低，在他们的共同努力下，第二年公司的业绩就排进了前五名，直到现在仍然处在前三名的位置。

## 服从，需要扮演好自己的角色

到底是什么让他们有了变化，让公司业绩有了大幅度提升？原因之一是他们学会了服从。

每个人都有自己的角色，在社会有社会的角色，在家庭有家庭的角色，在企业有企业的角色。

人不能对自己在不同场合中扮演的角色产生误判。一个人能力再强，离开平台很有可能什么都不是。很多人认为："我今天取得的成就和老板没有关系，都是我自己做的。"还有很多人说："我就是对的，领导是错的。"这就忽略了平台的重要性。

## 服从，要学会成就他人

我们要学会成就我们的上级，我们取得的成绩和领导密不可分。有人会说，领导什么都没做，为什么要把功劳记在领导头上呢？我们要记住，不要和领导争功。有的人说老板或者领导的坏话，这样做不利于企业或者团队的团结与发展。服从是成就他人，中国有一句话叫"人抬人高，水抬船高"，人与人之间要相互成就。

在企业内部，大家不能相互抨击、打压和拆台，而要相互认可、欣赏，相互补位。有的人总是听到别人说一件事，就要找出一个案例证明别人说的是错的，或者总是想反驳别人的观点。你跟他谈普遍性，他跟你谈个性化；你跟他谈个性化，他跟你谈普遍性。真正强大的人，是不争不抢的，他们懂得认可、欣赏他人，做到"润物细无声"，而不是靠出风头获得别人的关注。

## 服从，是一种敬畏

服从是一种敬畏，主要体现在企业员工对领导的敬畏、对企业制度的敬畏。

员工要敬畏领导，这是由职务的权威性和重要性决定的，员工敬畏领导，体现了对领导的尊重。员工要敬畏企业制度，企业制度是企业最高的行为准则和规范，也是企业文化的集中体现。

员工对领导、企业制度有了敬畏，才能真正地服从，顺利地执行每一项工作，从而收到良好的效果。

## ▍服从，是一种融入

　　有的人说自己无法融入团队，感觉自己被团队边缘化了。原因之一是他缺乏对团队的敬畏之心。团队做什么事，他都不服从管理，总是拖后腿。没有敬畏心，不服从管理，就无法真正地融入团队。

# 多一些正向思维

## 正向思维

正向思维是一种责任，是一种担当。

有一些干部会将公司的好事往自己身上揽，将坏事向别人身上推。这就是没有责任、没有担当的表现。这种人不能重用。

正向思维是积极的、阳光的、向上的、向善的、充满正能量的。有正向思维的人与充满负能量的人的表现是完全相反的。

如果你发现企业中的绝大部分干部是充满负能量的，一定要告诉他们负能量的危害性，并且给他们一些改变的时间。

## 正向思维的表现

### 1. 让自己强大

遇到问题时，有些人向外界寻求帮助，有些人则自己努力解决。通过自己解决问题、克服困难，可以实现自身内在的强大，这叫底层逻辑思维。

很多人在底层逻辑思维上就存在问题，认为别人帮他们是理所应当的。你要明白，别人并没有义务帮助你，他们帮助你是出于情分，出于友善。关键还是要靠自己努力，不断让自己强大。你自己都不愿意强大，不愿意成长，别人凭什么帮你?

### 2. 凡事与自己有关

我们认为某件事和自己无关，就已经选择出局了，别人就会放弃我们。任何一个人被别人放弃，大部分都是由自己主动选择出局造成的。一旦你认为这件事和自己有关，你在某种程度上就可以掌握主动权；你认为这件事和自己无关，就会比较被动。

### 3. 一说话就成就别人

"小人破场，君子捧场，高人造场。"如果一个人总是讲一些负面的话，会对他人产生消极影响，久而久之，这个人也不会受欢迎。

有的人一说话就是在成就别人。比如，有的人会捧场，即用赞赏等语句，给他人一些积极的反馈；有的人会给他人创造良好的环境，营造充满正能量的氛围，从而带动其他人一起进步。

# 行动高于一切

从知道到做到,需要大量的行动。行动高于一切,没有行动,即使有再多的想法也等于0。成功人士都敢于行动,敢于行动才有成功的机会。

## ▎员工要敢于行动

一次,公司中的一个员工对我说:"刘老师,我想跟您学讲课,您可以教我吗?"像他这样只向我表达了学习讲课的意愿,我暂时是不会教他的,因为我还没有看到他的行动。在工作中,一个人向你表达了多少内容并不重要,关键要看他是如何行动的。

如果真的想跟我学习讲课,你自己就要先去讲几堂课,然后再来找我。我必须看到你的行动,你不能只说不做。

还有人问我:"刘老师,如果我在讲课过程中遇到一个问题,该如何解决?"对于这种问题,我还是不会回答。因为这是对没有发生的事所做的假设。所以我强调行动高于一切。

员工在行动的过程中有可能把事做错。但做错不叫错,错了不改才叫错。这是站在哲学层面去谈错的。像自由一样,有自律的自由才是真正的自由,没有自律的自由都是放纵。这是我们对错的一种认知和理解。

## 领导也需要行动

有些时候，我们希望行动的是别人，而不是自己。这些想法特别容易在领导群体中出现，他们希望自己的员工能够做出改变，而不是自己做出改变。领导要摒弃这种观念，职位越高，服务他人的意识也要越强。因为公司给你这个职位，不是让你有多大的享受，而是让你能够给别人更好的服务。

# 第二章

## 铁军目标规划及达成

在企业战略制定后，对战略目标进行规划和达成，是管理铁军的基本技能，也是干部的使命和责任。目标的规划和达成有一整套严密的管理工具。

# 企业经营与管理

经营企业的目的是挣钱。挣钱有两种：一种是持续性挣钱，还有一种是稳定性挣钱。

这两种挣钱方式企业都需要。企业如何实现持续性挣钱？靠的是经营。企业如何实现稳定性挣钱？靠的是管理。

有些人认为经营就是管理，管理就是经营。这种看法是不正确的，经营和管理并不是一回事。

## ▍什么是经营

经营主要解决量、本、利。量是销售额，本是成本，利是利润，销售额减成本就是利润。有一个词语叫量本利平衡点，即业绩减去成本，不赔不赚；还有一个词语叫盈亏平衡点。管理者要关注这两个指标。公司是否盈利，做到哪个点才能盈利，大概区间在哪里，管理者都要了如指掌。

## ▍什么是管理

管理主要解决责、权、利。责就是责任，权就是权利，利就是利益。简单地说,挣钱后要考虑如何分钱。**大家要注意,会分钱比会挣钱更重要。**

现在有很多民营企业遇到一个问题:老板会挣钱,但不会分钱。如果钱一时分不清楚,就会比较麻烦,也会影响后续工作。钱分好了,工作才会容易推进;钱分不好,即使企业挣了钱,老板、员工也会很辛苦。

## ▌经营和管理的关系

经营解决的是量、本、利的问题,管理解决的是责、权、利的问题。

### 1. 营销和服务

一家企业不论规模大小,都有营销和服务这两项业务。营销解决的是流量,即客户量的问题。服务解决的是客户满意度的问题。很多人认为,二者的逻辑是先有客户,再有服务;没有客户,也就没有服务。

有人说,企业的服务好,不就有客户了吗?其实这涉及两种思维。

第一种思维,企业开发客户,是为了更好地服务客户。

第二种思维,企业做好服务,是为了让更多的客户走进来。

如果没有客户,你为谁提供服务?如果你的服务好,不就有客户了吗?这种就是通过服务做营销。

管理为经营服务,经营是解决利润的问题,管理解决的是成熟度的问题,也叫发展的问题。经营利润叫硬实力,经营服务叫软实力。

在过去几十年,中国的企业更多强调的是硬实力。最近几年,大家发现,企业只有硬实力还不够,还必须具备软实力。比如,企业文化、企业形象等，这些都是企业的软实力。

### 2. 管理为经营服务

有人会问，经营和管理哪个更重要？在回答这个问题之前，我们需要从两个维度思考：

第一，企业挣钱是为了更好地实现管理。

第二，企业做好管理是为了实现更高的利润。

管理为经营服务。经营一般由老板负责，准确地说是由决策者负责。管理主要由所有执行层负责。

现在有一些人对管理的理解存在偏颇。管理有两个层面：一是自我管理，二是代理。

管理的第一要素不是管别人，而是管自己。凡是自我管理做得好的人，对自己的要求都比较高。要让别人做好，自己先管好自己。你连自己都管不好，很难管好别人，别人也不会接受你的管理。

自我管理管什么？

第一，管好自己的行为。

第二，管好自己的情绪。

第三，管好自己的梦想。

第四，管好自己的时间和效率。

代理则是让别人来完成某件事情，通过流程、标准、机制让别人完成目标。

### 3. 岗位回归

我曾经到访过多家公司，发现一些公司的基层员工一有时间就凑到一起讨论公司的战略规划。出现这种情况的原因之一是老板没有做到岗位回归，老板一个人的错位，导致全员错位。

很多老板做完经营决策，担心高层无法解决，就去做应该由高层负责的工作；高层的工作被老板做了，他们就去完成中层的工作；中层的工作被高层完成了，他们就去完成基层的工作；基层的工作被中层做完了，他们无事可做，就开始替老板操心了。

所以，企业的每一个成员都要做到岗位回归。

岗位回归是指人们要在自己的岗位上做好本职工作，不要越俎代庖。一旦出现岗位偏差，要尽快做到岗位回归。

我发现我们公司凡是总经理所带团队业绩比较好的，通常总经理都在自己的位置上；凡是业绩起伏不定，或者业绩一直没有提升的，他们通常没有在自己的位置上。一些总经理拿着总经理的收入，但是干的是别人的工作，甚至业务员的工作，就是没有做到岗位回归。

我建议大家一定要做到岗位回归。老板首先要做到岗位回归，老板一旦回到自己的岗位上，高层、中层、基层也就可以回到自己的岗位了，大家就可以各司其职。

## 4. 经营对外，管理对内

我们的第一家分公司开在广州，第二家分公司开在北京。北京分公司的第一任总经理叫韩月。在开北京分公司之前，韩月是总经理候选人之一。公司董事长贾长松老师和她有过一次沟通。贾老师问："我们准备在北京开分公司，你愿意做北京分公司的总经理吗？"韩月斩钉截铁地回答："愿意。"

韩月当时才20岁出头，缺乏经验，不知道如何当总经理，也不知道如何组建团队，更不知道如何管理公司。贾老师这样问她："你觉得哪家公司业务开展得好？"韩月回答："广州分公司不错。"贾老师就建议她到广州分公司学习。

经营往往是对外的多，管理往往是对内的多。老板要经常往外走，要学习其他企业的经营模式，看看是否适合自己的企业。老板要学会离场管理，遥控指挥，不能故步自封，自我封闭。

经营要做好离场管理，管理要做好现场管理。在一些民营企业中，老板对内要做好现场管理，带兵打仗，不能脱离岗位。所以经营对外，管理对内。

## 5. 经营指导管理

什么叫经营指导管理？

> 一家企业在会议上讨论企业目标。
>
> 老板说："我们企业在行业中面临四座大山——人力、财力、物力、能力，我们没有任何优势，是无法和其他企业竞争的。我们能活下来，挣口饭钱就行了。"一个高管这样劝解："老板，人要有梦想，不就是四座大山吗？我们翻过去不就行了吗？"但老板不是这样理解的，他要的是企业能活下去。
>
> 另一个高管说："尽管我们面前有四座大山，但是一旦有机会，就要翻越它们。"而一个沉默良久的高管却十分赞同老板的话，他说："老板，人人都要有自知之明，我们能活下来就不错了。"

经营指导管理，不是说你想怎么干就能怎么干，而是说经营需要你怎么做你才能去怎么做。比如，有一家公司想上市，但是不具备上市的条件。怎么办？企业就要创造上市的条件。

当经营能力强，管理能力也很强时，就是企业健康发展的时期；当经营能力弱、管理能力强，或者经营能力强、管理能力弱时，企业就容易出问题。企业老板只看到当下，忽视了未来，其他人就开始为自己的未来打算了，甚至另谋出路，因为他们在目前的企业中是看不到未来的。

## 经营的三要素

企业要想做好经营，有三个必不可少的要素。

第一，战略要清晰。战略要分层级，1~3年的叫目标，3~6年的叫规划，6年以上甚至10年以上的叫战略。

第二，目标要明确，定好方向。

第三，资源要匹配。

需要注意的是，成长型民营公司要更加重视资源。这类企业在资源上比较缺失，如果想得到进一步的发展，离不开必要的人力、物力、财力等资源。而大型企业、上市公司会更加注重战略。

比如，大学生毕业创业的成功概率就比较低，即使有成功的，也仅仅是个案。他们成功概率较低的主要原因之一是缺乏必要的资源。

## 管理的三要素

管理离不开三要素。

第一，管理的思想。管理的思想又叫经营哲学，或者叫企业文化。

第二，管理的工具。企业只具备管理的思想还不够，还要有必备的工具，管理是需要工具的。管理工具，是指管理者通过执行计划、组织、领导、控制等职能，整合组织的各项资源，实现组织既定目标的活动过程中使用到的工具。

第三，管理的执行。有了思想和工具，就要开始执行。

我曾经认为管理三要素中对成长型民营企业影响最大的是管理的执行，但我的观点近些年却有所变化——管理三要素中对成长型民营企业影响最大的是管理的思想。

> 我在日本参观了一些企业，比如大和、丰田、京瓷，对我冲击最大的却是一家小寿司店。这家店应用的是阿米巴管理模型。
>
> 我问了老板一个问题：为什么开了这家寿司店？老板向我讲述了开店的缘由。
>
> 老板家有三个孩子，三女儿年幼时生病，医院下了好几次病危通知书。病房里有好多患病的同龄孩子，老板就带着做寿司的原料和工具，在病房里面和小朋友一起做寿司。在做寿司的过程中，小朋友们暂时忘记了病痛，感到很开心。老板认为这是一种爱的传递，决定要把爱传递下去，于是开了一家寿司店。

我们问过很多老板为什么要创业，不少人的回答是"因为我没有钱，创业当老板，可以挣到更多的钱"。创业的目的是挣钱，这个占的比例比较大。

我们一旦在管理的过程中发现对经营造成伤害，就要停下来，去修正和改进，而不是一味地执行下去。这是值得每一个管理者思考的。

比如，绩效考核是管理层面的工具，目的是满足经营的需要。如果管理对经营造成了伤害，那么管理就是无效和无用的。现在有很多企业不断强调执行力，即使错了也要执行，他们会说这是公司的规定，这是流程，这是标准，这是制度。这是不对的。

## ▍经营思维与管理思维

经营追求的是效益，管理追求的是效率。

经营强调的是结果、利润、数据；管理强调的是过程、流程、满意度、和谐。

老板、管理者、干部一定要有具体经营思维。只追求流程或满意度，却对利润造成损害，管理也是无效的。如果一个总经理不具备经营思维，由他管理公司，公司大概率会出问题。因为他没有改变过去的路径依赖，没有突破。一个只有管理思维、没有经营思维的人，很难担任较高的职位，即使把他安排在一个更高的位置，他也不一定能胜任。

例如，薄利多销就是一种经营思维，它对应的管理思维是生产量要大，成本要低，要实现规模化经营，就要做好效率、成本的管控。一分钱一分货也是一种经营思维，它对应的管理思维是打造品牌，保证产品品质。

还有一些做定制化产品的企业，他们生产的产品叫非标产品。这类企业的经营方式要考虑客户的要求，即客户需要什么，企业就帮客户做什么。

> 我有一个朋友做定制鞋，他只给中国的明星做，并且一个客户最多做两双。如果有客户定做鞋子，他就派三个专家对客户的脚进行测量，然后开始手工制作。

他们做的鞋子价格没有低于 1 万元的，每一双鞋子都是绝无仅有的，不会跟其他人的鞋子重复，可以实现客户的个性化需求。他们也会为客户保密。

不是我们会什么，就做什么，关键是经营需要我们做什么，我们才去做什么，这才是核心。当然，老板、管理者最好选择去做自己擅长的领域，不做不擅长的领域。比如，我们想要投资一些项目，但是对这些项目缺乏了解，在短时间内又看不到希望，就要暂时放弃。

## 经营与管理的过程

### 1. 经营的过程

第一，经营的过程就是删除的过程。

一个人的精力是有限的，做事情越专注越好，经营也是如此。很多老板同时参与好几个项目，这样做容易分散精力，无法保持较高的效率。老板要认真思考，哪些项目需要保留，哪些项目需要暂停，哪些项目需要删除。思考过这些内容之后，老板再专注做自己擅长的领域。

老板需要删除和战略无关的内容。比如，删除对公司贡献小的产品，删除对公司贡献小的客户，删除对公司贡献小的"老白兔"员工（指那些过去曾为公司做过贡献，现在倚老卖老，开始摆资格不工作的员工）。

第二，经营的过程就是整合的过程。

经营需要整合人才、整合技术、整合渠道、整合资本等。整合的既是责任，也是利益共同体。

第三，经营的过程就是算账的过程。

在经营的过程中，老板要会算账、算好账。比如，某个项目需要投入多少，产出多少，企业大概能得到多少利润，这些账都是需要算的。

### 2. 管理的过程

第一，管理的过程就是决策的过程。

做管理就是做决策。为什么有些干部在公司里面不愿意做决策？原因之一是他们怕承担责任。

第二，管理的过程就是下指令的过程。

很多人下指令喜欢让对方猜，猜到叫悟性高，猜不出叫悟性低。很多人说话需要对方三分听、七分猜。拿"能穿多少穿多少"这句话来说，是让人多穿，还是让人少穿？我们说话，很多字一旦语调不同，意思也就不一样。因此，我们要清晰、准确地下指令，不能模棱两可。

第三，管理的过程就是把组织目标和个人目标有机结合的过程。

企业老板招人，是为了完成企业的梦想和目标。而员工来到企业，也是为了实现自己的梦想。所以企业招人的目的之一是帮助员工实现他们的梦想。在实现他们梦想的基础上，也实现老板和企业的梦想。

我们从中可以看出，老板、企业、员工三者是相互成就的。员工的梦想在企业无法实现，老板和企业的梦想也很难实现。所以老板要想尽一切办法把老板和企业的事情变成员工的事情；把老板和企业的梦想变成员工的梦想。

然而现在有很多管理者，总是把员工当作工具。我想告诉这些管理者，凡是把员工当工具的，员工也不会对你忠心。

# 目标规划

## ▎承诺目标

承诺目标就是我们承诺要达成的目标。承诺目标包含两类：经营目标和管理目标。其中，经营目标包含三类，分别是业绩目标、成本目标、市场客户目标。管理目标也包含三类，分别是产品目标、系统流程目标、团队人才目标。

## ▎被迫目标

被迫目标包含两类：一类是创新目标，一类是挑战目标。既然是创新和挑战，那么我们允许失败的发生，但承诺目标一般不允许失败。

我们要学会给自己加一些被迫目标，这在很大程度上能让我们快速成长。有了被迫成长，就有了被迫收入，也就能获得一些成就。

我们要提早增加自己的被迫收入。简单来说，被迫收入是无需我们花费过多的精力就可以获得的收入。

# 业绩目标

业绩目标包含现金总量、销售额、净利润、战略型业绩占比、应收款、预收款、销销比（一款产品占所有产品的百分比），有的企业还会有市值管理。

谈到业绩目标，我们先要看销售额。假设公司今年的业绩为1亿元，那么明年定多少比较合适？假设行业增长率一般是20%，就是今年你们公司业绩比去年增长20%，明年也增长20%。

## 业绩目标设定的步骤

业绩目标的设定大致分为三个步骤。

第一步，收集历史数据，对历史数据进行盘点。

历史数据包括总业绩、总利润、利润率、毛利率、各产品业绩、各销售机构业绩，以及库存、生产量、交付（整个交付状况）、服务。企业要对这些数据进行收集和反馈，并且做重点分析。

分析的方式分为同比和环比。例如，今年6月份的数据和去年6月份的数据对比就叫同比，今年的6月份的数据和今年5月份的数据对比就叫环比。

在企业定目标时，财务要参与其中，要提供相应的数据。如果公司设定的目标比较庞大，我们就要收集一些其他方面的数据，比如人才团队、总人数编制达标、员工胜任力占比、人均产值、干部总人数、储备干部数、新晋干部数、干部流失率、员工流失率等。这些数据和人力相关，因此需要人力资源部门进行分析。

第二步，根据历史数据的盘点，结合行业阶段和竞争对手进行分析。

我们要对企业历史数据、行业发展阶段、国家政策、竞争对手信息、产品等因素进行分析。

第三步，进行推演。

我向大家介绍几种推演方法。

第一种，按人均推演。

人均有两层意思：一是业务员的人均业绩，二是客户的平均业绩。我们既可以按照业务员人均业绩计算，也可以按照客户平均业绩计算。

把业务员或客户进行分级，比如业务员可以分为一级业务员、二级业务员、三级业务员；客户可以分为一级客户、二级客户、三级客户，或者A类客户、B类客户、C类客户。分级之后，再结合历史数据，对不同层级设定不同的增长指标。例如，一级增长30%，二级增长20%，三级增长15%（30%、20%、15%是教学数据，大家可以根据公司实际情况去调整）。但整体上，一般情况下是一级要比三级增长的多。

我们可以重新盘点公司业务员的业绩，大部分是20%左右的业务员业绩比较好，80%的业务员的业绩一般。

我们盘点一下公司过去的历史数据会发现，新增业务员或客户按照三级标准，时间按10个月，业绩按50%，比如三级业务员，每人每月是100万元的业绩要求，那么今年要招的新业务员，我们就不能按100万元算，要按50万元的业绩算，即按50%算；也不能按12个月算，因为我们也不可能在1月份招了50个人，他们马上就能到岗。有可能我们一直都在招聘，3月份招聘的人不合适，9月份离开了，10月份又补充了。因此我们通常最多按10个月计算。

营销团队如果新年度有增员的计划，原则是在一季度全部完成。比如我们今年准备增加100个人，如果这100个人在第一季度到位了，同时我们又淘汰了一些不适合的人员，就要在第二季度补充，而不能等到最后一个季度才去完成。

开发新客户也是一样，我们把客户分为一级客户、二级客户、三级客户。一级客户一定是某一方面做得好，或渠道好，或市场好，或老板的能力强。一般情况下，三级客户很难成为一级客户，即便成为一级客户，也需要很长的时间，不是三天两天能够做到的。对于新客户，我们可以按照30%的要求和最多按10个月的方式去操作。可能会有去年是二级客户，今年做到一级的，那我们就把它归到一级去算，按照现在的实际情况去推演。

错误的做法是我们公司有50个业务员，这50个业务员平均每人每月100万元的业绩，于是所有人都按每人每月100万元的业绩计算。

第二种，按市场级别推演。

很多企业有很多的门店、销售部或者分公司，像我们公司就有很多销售分公司。我们去年把销售分公司分成了三级，今年分成了四级。我们计划一级公司今年的目标是2800万元，但是有五家公司认为2800万元的目标太低，而自己有能力完成4000万~6000万元的目标，因此我们又增加了特级公司这一级别。

级别不同，增长率不同。按照这个逻辑，特级公司增长率最高，三级公司增长率最低。业绩不佳虽然和市场环境不佳有一定的关系，但与领导的能力有着更直接的关系。我们昆明分公司蝉联该地区多年冠军，成都分公司的业绩却不甚理想。我们更换了部分成都分公司的领导，该公司的业绩就成了该区域的第一名。如果公司里有人说业绩不好是市场差的原因，即使你给他更换一个较好的市场，他也不见得能做出成绩。

所以业绩和市场没有必然联系。但一般情况下，三级市场的增幅很难超过一级市场。

> 成都分公司在2010—2012年，都是我们集团公司的总冠军。然而他们的总经理离职后，公司的业绩一直不理想。后来吴淑锦临危受命，担任成都分公司的总经理，一直干到现在。
>
> 我们公司2022年第一季度的冠军是上海分公司，之前的昆明分公司总经理在2021年7月到上海就职，在2022年第一季度就带领上海分公司获得冠军。上海分公司干好多年了没得过冠军，昆明分公司原总经理到任不到一年，就带领上海分公司得到了第一季度的冠军。

一般情况下，一级公司增幅为30%，二级公司增幅为20%，三级公司增幅为15%，这些是教学数据，大家要根据自己企业的实际情况去推演。

新开公司可以参照三级公司标准，总业绩按照10个月、总业绩的50%算。例如，一家新公司于6月份成立，此阶段为筹办期，并没有产生业绩，要从成立的第二个月计算，即从7月开始计算。7月到12月为半年，所以要按照50%的比例计算业绩。

当然，这种按市场级别进行推演的方式，也可以按区域级别推演。

第三种，按产品阶段进行推演。

产品主要有策划期、研发期、上市期、快速发展期、平稳期、下降期、退出期等阶段。在不同的产品阶段，企业业绩增长的幅度也不相同。有的企业认为，我们有20个产品，去年业绩整体增长了20%，今年也可以设定业绩整体增长20%。这种做法就是错误的。

我按照产品的阶段，给出了一些业绩参考数据，供大家参考。

策划期：业绩0，利润0。

研发期：业绩0，利润0。

上市期：业绩少量，利润少量。

快速发展期：业绩增幅快，利润增幅高。

平稳期：业绩增幅放缓，利润高。

下降期：业绩下滑或持平，利润下滑。

退出期：业绩少量，利润少量。

在不同的阶段，业绩的增幅肯定是不一样的。比如，我主讲的"管理铁军"同名课程，已经讲了170多期，最多的时候，我一个月能讲4期，现在平均一个月讲一期，做到业绩维持、利润维持就可以了。

我们团队一共有5个人，一年的业绩在4000万元左右。我们计划从明年开始对产品进行优化。比如，请一位老师和我共同讲这门课，这门课的业绩可能会有一些增长，然而增长是有限的。

第四种，历史业绩增长法。

盘点每个销售机构的业绩，按照每个机构的自然增长，推演出新的年度目标。新增公司的年度目标另行设定。

以上就是我向大家介绍的几种业绩目标推演方法。我建议企业主要使用前三种方法。

尽管业绩推演方法可以帮助企业设定业绩目标，但是企业在使用的过程中还是要注意一些细节。

第一，目标设定的前提是要建立模型。

第二，企业要充分考虑国内国际的环境、行业发展阶段、企业竞争的优势、企业的市场机会、企业的经营战略。

第三，目标设定不在于高低，而在于可控性与可实现度。

此外，企业也要避免错误的做法。比如，将三种方法推算出的目标平均数作为年度目标。正确的做法应该是，找到一个相对可控的目标，进行微调后，再作为年度目标。

## 各级目标的设定

目标的设定要注重可控性和可实现度。

有些企业老板经常一拍脑袋就设定一个目标，到了年底没有完成目标，就会找各种借口为自己开脱。因此，企业不能凭感觉设定目标，要靠数据说话，要做到心里有数。

业绩目标出来了，利润目标基本上也可以算出来了，经过推导，利润率基本上也能算出来。

我们可以把相对可控的目标作为年度目标，可以微调；再把目标分解为三级目标，一级目标是保底目标，二级目标是评估目标，三级目标是冲刺目标。

过去很多企业只定一个目标，要么完成，要么完不成。有的企业设定两个目标，一个保底目标，一个冲刺目标。其实这两种方法都不够科学。我建议大家设定三级目标，有条件的企业可以设定四级目标。

### 1. 一级目标：保底目标

保底目标的参照标准有两个。

一是参照历史数据的 70%~80%。比如，去年完成了 1 亿元，今年的保底目标可以在 7000 万~8000 万元这一区间内。

二是参照盈亏平衡点，这是对于没有历史数据的新公司或者新项目而言的。低于保底目标，员工做降级或辞退处理，员工只享受基本收益，或者安排员工外出学习。

小微企业和世界 500 强企业可以用兔子和骆驼做对比。世界 500 强企业是骆驼，即使三年不盈利，也不会导致企业破产；小微企业是兔子，每天必须跑，否则就会成为其他动物口中的食物。兔子不但要跑，还得每时每刻吃些草，补充能量，即民营公司要有盈利。兔子边跑边吃草，就是小微企业要实现边发展边盈利。小微企业老板在投资前要记住，如果投资的项目在三年之内不能收回成本，即使这个项目未来会很赚钱，也要慎重投资。

### 2. 二级目标：平衡目标

平衡目标即推演出来的目标，是做绩效考核和签订《目标责任协议书》的核心目标。

### 3. 三级目标：冲刺目标

冲刺目标通常是平衡目标的 1.3~1.5 倍。一旦实现冲刺目标，可以有额外固定奖励，如车、房、旅游度假、现金，超出部分奖金翻倍，员工可以晋升。

有的老板表示，自己的企业在行业中发展很成熟，并享有极高的市场占有率，很难再有大的动作了。此时，企业可以将冲刺目标设定为平衡目标的 1.1~1.2 倍。企业要根据企业发展成熟度、市场规模设定目标。

## 4. 四级目标：对赌目标

四级目标叫对赌目标，也叫挑战目标，是上下级双方协商的目标。对赌不实现另有处罚，一般情况下，赔付比例的范围是1∶1~1∶8，特殊情况下除外。

假如你是总经理，我是老板，在确定好了前三季度的目标，准备定第四季目标时，我对你说："李总，现在公司准备和你设定对赌目标，你愿意吗？假设我们正常的平衡目标是1亿元，冲刺目标是1.3亿元，你认为对赌目标定多少合适？"李总可能说："1.5亿元吧。"1.5亿元是怎么得出的？其实是拍脑袋拍出来的。他同意，我同意是对赌。他说2亿元，我同意也行。那接着我们就可以制定对赌："如果冲刺目标完成超过1.5亿元，公司额外奖励2万元；但是如果完不成，你要按照对赌协议向公司支付一定的金额。"当然，肯定会有从公司拿钱是可以的、从自己口袋掏钱就无法接受的人。所以两个人愿意接受，就可以对赌，对赌目标允许失败。双方协商，只要完成公司目标，就有丰厚的奖励；没有完成目标，就要付出一些代价。

> 我们有一位客户经营一家油漆企业，在五个地区设有分公司。这位老板听完我的课，就和五个分公司总经理谈对赌目标。他们的对赌目标是，如果完成目标，公司奖励总经理一辆保时捷卡宴轿车；如果没有完成目标，总经理要给公司15万元。只有一位总经理同意，并签了对赌协议。
>
> 到了当年的11月，对赌目标已经达成。12月公司举行会议，老板直接把一辆保时捷的车钥匙交给了签对赌协议的总经理。

## 其他经营目标的设定

### 1. 成本目标

成本目标包括管理成本、营销成本、生产成本、税务成本、折旧成本。

管理成本包括办公成本、员工工资成本、公关成本等。管理成本要看企业的实际情况。比如，有的企业规定办公成本一年不能超过500万元；有的企业没有公关项目，就可以减掉公关成本。

营销成本包括广告成本、促销成本、销售成本、员工提成成本，有的企业会有退换货成本。具体的营销成本也要视企业情况而定。

生产成本包括采购成本、制造成本、研发成本、仓储物流成本、质检成本。有些企业不是生产型企业，可以去掉制造成本。研发成本有一个国际惯例，一般是利润的5%~15%；如果是规模很大的企业，研发成本一般在2%~3%。比如华为投入的研发成本就比较高，在利润的23%左右。研发费用一般是第二年用，即今年预留的研发成本，是明年才用的。

税务成本包括企业所得税、消费税、增值税、印花税、城市维护建设税、教育费附加、关税等和资金使用成本。比如银行贷款、借款等。

折旧成本包括固定资产折旧和低值易耗品折旧。折旧是有讲究的，比如公司之前买的空调，放在固定资产合适，还是放在低值易耗品折旧合适？需要公司在遵循相关法律法规的情况下，根据自己的实际情况决定。

## 2. 市场客户目标

市场客户目标包括市场竞争力排名、客户保有量、市场客户分类、新渠道开发数量、市场占有率、品牌美誉度、新销售部建立个数、客户复购比例、客户转介绍比例、战略性客户占比、客户满意度等。

市场客户分类有利于效率管理。通过对客户分类，同时也使得店面效率提升。比如在上午9:00—10:00这个时间段，美发店的顾客可能比较少，美发店就可以在此时进行优惠活动：凡是这一时间段美发的顾客给予八折优惠。这样做可以适当分流顾客，提高员工的工作效率，也会增加利润。

## ▌设定目标的注意事项

设定核心目标也有一些要求。

第一，核心目标要结合企业的经营战略及达成的程度。

第二，核心目标设定通常为三级目标，对应三级薪酬。已经完成哪一级目标，对应的是哪一级收入。

第三，目标不在于多，而在于准。一家企业全年核心目标一般不超过10个，总目标一般是20～40个。

第四，目标设定要考虑企业的发展阶段，不同的阶段，目标设定的重点方向是不同的。

第五，目标不要浮夸，核心是可控性和可实现度以及员工的信心。

初创期/个体户的重点为经营目标；当企业发展到一定规模，经营目标与管理目标并重；企业在行业有一定的知名度或者企业管理成熟度比较高时，核心是效率；当企业发展为行业的头部企业时，核心为效益，如市值管理、利润生态、业务生态、行业壁垒、投融资管理、并购。

企业与企业竞争的本质是效率之争,效率之争的背后是人才的竞争,人才竞争的背后是机制的竞争,机制竞争的背后则是文化的竞争。管理在于颗粒度,颗粒度越精细,对人的要求越高。

# 管理目标

## 产品目标

产品目标包含爆品数量、产品研发体系、产品线建立、产品手册、专利及知识产权、战略型业绩占比、事业部建设及规划。

### 1. 产品

产品包含前期的市场调研、需求分析、解决方案，再加交付、服务，这些放在一起才能叫作产品，只有一个实物，不能叫产品。

有一个老板以前做的产品特别多，毛巾、浴巾、床单、被罩、衣服……什么都做。后来雷军告诉他一句话："你从你的产品中挑出一个最有竞争力的，然后把它做到极致。"他听后大受启发。于是他专注做一款毛巾，并做成爆品。他的企业由过去的亏损，到现在收益颇丰。

所以不是产品越多越好，而是有竞争力的产品越多越好。大家可以盘点一下自己公司的产品，看看哪些是真正为公司获得利润的。比如，一家公司有 10 个产品，一般只有 2~3 个产品实现真正盈利。

我们的一家公司最早有 300 多个产品，我们核算后发现，能够支撑公司利润业绩的产品一共才 15 个，其他产品虽然也能产生一些利润，但是对公司的帮助很小。这样的产品是否值得保留？经过认真考虑和调查，我们决定去掉这些产品。

我们的培训公司也遇到过上述情况。我们在 2016 年做过一项产品的调查，当时公司的培训产品有二三十个，我们确定了一个打分标准：得 10 分的产品保留，得 9 分的产品需要改造，得 8 分及 8 分以下的产品直接去掉。

当时很多产品被去掉了，有一些老师就没有课讲了。一些讲师表示不理解，他们认为自己的课程不错，客户的反馈也很好，为什么会被去掉？因为我们的目的是要把产品做到 10 分。现在我们培训公司留下的产品都是精华，我们不贪多，只求精。

我建议大家也梳理一下自己公司的产品，看看哪些产品是对公司的业绩和利润有帮助的。如果你在公司的众多产品中提出一个产品，它能支撑公司的正常发展，这个产品就是公司的爆品。所以公司要确保一个具有竞争力的产品，力争做到 10 分，这样公司也会具有竞争力和优势。

我们要学会对产品进行升级，努力提高产品的性价比。

## 2. 企业竞争力

企业的竞争力分为内竞争力和外竞争力。

什么是内竞争力？内竞争力，就是一般别人学不会的内容。凡是别人能模仿的，都是外竞争力。内竞争力有一个特征，它是需要一段时间才能沉淀下来的。比如，你到一家饭店去吃饭，这家饭店的菜品非常符合你的口味，但是环境一般，服务也一般，你还是会经常光顾；你到了一家服务、环境一流的饭店，但是菜品较差，你大概就不会再来这家饭店了。这说明，通常情况下，菜品是饭店的竞争力。产品属于内竞争力，品牌、文化、机制也都是内竞争力。

营销、服务都属于外竞争力。我们都认为海底捞的核心竞争力是服务，后来海底捞意识到自己的核心竞争力既不是菜品，也不是服务，而是组织能力。而影响其发展的核心瓶颈是物流，比如物流能否保证运送生鲜的速度。这需要考验海底捞的组织能力和物流配送能力。

## 系统流程目标

组织系统、营销系统、财务系统、生产系统、运营系统、文化系统是企业的主系统。企业也有一个主流程，叫企业主经营流程，它从客户的复购或转介绍，推导出企业的规划及战略。

企业主经营流程主要分为以下几个环节：

**战略—目标—市场规划—策划—研发—采购—仓储—物流—推广—成交—交付—服务—复购或转介绍。**

当然，流程可能会有一些变化，但基本上不会偏离上述环节。

企业主经营流程还有很多子流程。比如服务的子流程、研发的子流程等，但主流程是核心。主流程不仅决定了公司的架构，还决定了公司的人事安排及岗位的编制。我们通过主流程发现，一些部门或一些岗位并不包含在主流程内。对于公司而言，它们会增加成本，却无法提升效率，是需要被优化的。优化后，公司的效率会得到一些提升。

组织系统主要解决人及机制的问题，营销系统主要解决流量的问题，财务系统主要解决支撑的问题，生产系统主要解决企业的产品竞争力的问题，运营系统主要解决企业的效率问题，文化系统解决的是企业凝聚力和认同感的问题。

组织系统责任人是总经理，主要的执行者是人力资源；营销系统责任人是总经理，执行者是营销总监；财务系统责任人是董事长，执行者是财务总监；生产系统责任人是总经理，执行者是生产总监；运营系统责任人是总经理，执行者是行政总监。

比如，公司组织系统建设由总经理负责，他是组织系统的负责人，具体的执行者是人力资源。公司要建组织系统，即使总经理不擅长也没有关系，但是他必须会组建人力资源部，如果人力资源部也组建不出来，就是总经理的问题了。

随着公司的发展，还会出现其他的系统，比如战略系统、文化系统，这些也包含在主系统中。战略系统的责任人是董事长，执行者是战略委员；文化系统的责任人是董事长，执行者是人力资源部。

请各位老板注意，企业中的所有事情都可以责任下沉，唯独文化不允许下沉，老板必须死死抓住，不允许有代理人。

## 团队人才目标

具有竞争力的人才是企业健康发展的关键。企业的人才目标包括关键人才的数量、核心团队组建、人才梯队建设、岗位编制达标、关键人才到岗、关键人才流失、员工胜任力占比、员工流失率、培训计划完成等。

### 1. 核心团队组建

核心团队主要包括CEO（首席执行官）、CTO（首席技术官）、COO（首席运营官）、CSO（首席战略官）、CFO（首席财务官）和CHO（首席人力资源官）。

CEO的要求是高，战略要高、胸怀要宽广，有伯乐精神，愿意培养人；CTO的要求是精，精致、专注、精通，特别要精通技术；

COO 的要求是快，需要是一匹"快马"，执行力强；CSO 的要求是强，要强势、强悍，要有结果；CFO 的要求是准，账要准，钱要准，票要准，分期要准；CHO 的要求是和，同各部门和谐和睦，把事情做好。

总经理和老板在公司要相互配合，二人共同把工作做好。

我建议老板在公司不要亲手开除人。老板一般只开除两个人——总经理和财务，开除其他人员可以由总经理出面。如果总经理不能顺利解决问题，再由老板处理。如果你作为一个团队的管理者，别人对你充满了争议，有人对你评价好，有人对你评价坏，那么你是好的管理者。如果所有人对你评价都是好，你真是好人，你谁都不得罪，天天当老好人，肯定没有结果。

如果老板向别人介绍你"这个人带团队能力极强"，这句话背后的意思可能是你带团队能力极强，个人能力比较弱。老板说"这个人个人能力极强"，背后的意思可能是你缺少团队意识。老板说"这个人很好，是个好人"，也许就是你什么都不会干。

## 2. 人才梯队建设

人才梯队包括核心层，又叫决策层，也可以叫作"一环路"；高层，即"二环路"；中层，即"三环路"；基层，即"四环路"。

核心决策层对忠诚度要求极高，如果不忠诚，即使能力再强也不能用。什么是忠诚？就是认可企业的文化价值观，愿意付出行动，和企业一起实现梦想。

高层的用人原则是职业化；中层的用人原则是有结果；基层的用人原则是愿意学习，能够成长。

# 目标达成

目标达成最直接的工具是 PDCA 循环（Plan，计划；Do，执行；Check，检查；Act，处理；简称 PDCA），以及现在企业中流行的 OKR（Objectives and Key Results，目标与关键成果法）工具。

目标在达成过程中，企业要统一员工的思想。如果无法统一员工的思想，就要统一员工的目标。

目标达成主要分为以下步骤：

第一步，根据历史数据进行复盘，确立核心目标；

第二步，根据公司的管理情况，设立核心团队的联合目标；

第三步，制作行动方案，着手里程碑推进；

第四步，顺位管理；

第五步，检视状态；

第六步，和收益挂钩；

第七步，复盘整个流程，形成一个 PDCA 大循环。

现在很多企业制定的目标只是口号，没有形成闭环。比如，有的企业对员工进行绩效考核，考核的分数都很高，企业的目标却没有实现，考核目标和结果就背道而驰了，这就是没有形成闭环。所以说，有闭环的目标才是真正的目标；没有闭环的目标都是口号。

## 根据历史数据确立核心目标

前文提过，一家企业的核心目标一般不超过10个。目标不在于多，而在于准。目标要有可控性和可实现度，不要浮夸。

我们公司制作了一张目标规划图（见图2-1），并且一直在用。其他企业可以根据自己的实际情况进行调整，比如有些目标可以是月度的，也可以是半年的。

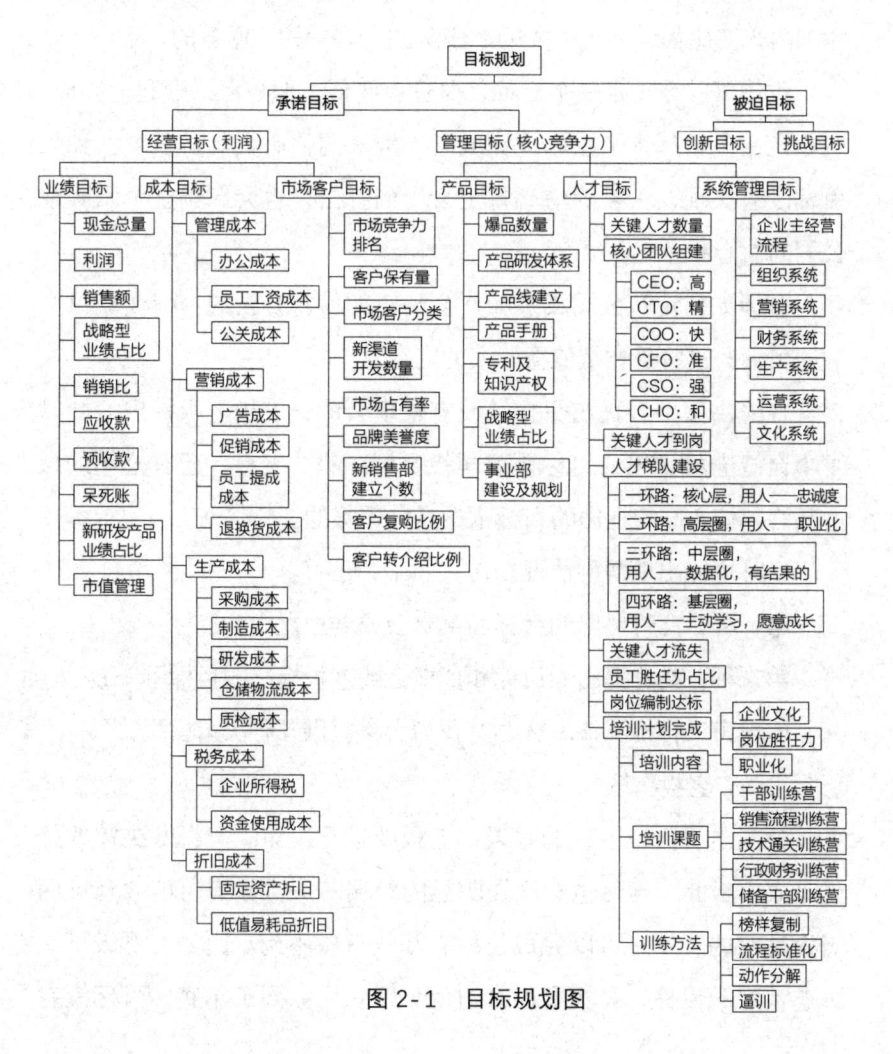

图 2-1 目标规划图

我们自己的分、子公司有一种管理方式，叫看板管理。有一点是写下"我距上一次出业绩已经多少天"。我们建立了一个微信群，群成员的群昵称有具体的格式：姓名＋自己全年的业绩。比如，我的群昵称是"刘文举 580 万元"。

关键动作及数据分析是指我做了哪些有效的事情。对于制作表格的人来说，这是一个考验，难点在于要确定哪些是关键动作。当然，我们可以向别人请教他是如何做到的，并根据自己的实际情况添加内容。比如，关于人才的、团队的、客户的、服务的。

我们可以今年定一个目标，尽管有些低，但是可以顺利地完成。明年定一个目标，又顺利地完成了，大家的信心会与日俱增。如果目标没有实现，大家的信心肯定会受到打击，也会影响整个团队或公司的信心和士气。

目标如何定？公司成员如何参与？如何将公司的目标变成每个人的目标？这些是非常值得研究的内容。

首先由董事会提出目标，没有董事会的，就由老板提出。此时董事会或老板提出的目标是公司级目标。除了老板，还有公司的核心高管。核心高管提出的目标依然是公司级的。

这时可能出现两种情况。

第一种，高管提出的目标和董事会或老板提出的目标一致。

第二种，高管提出的目标和董事会或老板提出的目标不一致。

出现第二种情况该怎么办？我为大家提供几种决策模型。

第一，老板决策。

公司出现决策争议的时候，老板要进行决策。老板做决策的好处是效率极高。当然也有比较明显的弊端——大家有可能故意证明老板是错的，本来可以完成目标，却故意做不到。比如，下级不认可老板定的目标，老板可能会迫使大家认可。到了年底，目标没有实现，高管会直接跟老板说："老板，年初我们都说你不对，你非要说你是对的，结果证明你是错的。"

第二，责任人决策。

如果你是营销部的负责人，关于营销的事情就由你决策；如果你是生产部的负责人，关于生产的事情就由你决策；如果你是采购部的负责人，关于采购的事情就由你决策。

这样做的优点是，你可以在自己负责的领域中了解、掌握充足且全面的信息；弊端是，容易以自我为中心——你是生产部，他是销售部，我是采购部，我可以配合你，但是我先要完成自己的工作，如果我的工作没有完成，我没有时间去配合你。

一些公司在开会时出现过这种情况：销售部指责生产部，生产部指责销售部，销售部和生产部同时指责财务部。部门之间一旦缺乏必要的联系，就容易形成管理体系孤岛，不利于部门之间的合作与协调，影响工作效率。

第三，上级决策。

这种决策方式是指，下级遇到问题直接找领导，由领导进行决策。这种决策方式容易导致下级不愿意自己做决策，缺乏决断力。

第四，少数服从多数。

比如，老板说："现在我们公司的产品毛利润是30%，你们认为给员工提成是20个点好还是25个点好？"员工怎么回答？肯定有人会喊："提35个点。"毕竟大家都希望自己的利益最大化。

然而公司有一些事情是不能用少数服从多数的方式决定的。关于企业利益，以及和企业机制、战略、文化相关的事项，不能少数服从多数。

比如，员工都希望自己的收入高一些，承担的责任少一些。对于股东而言，钱都分给了员工，就挫伤了股东的积极性，谁还愿意开公司？这样做肯定是不合理的。

第五，集体决策。

集体决策指的是做完决策以后，我们要做的是有福同享，有难共担。如果做得好，大家都会得到收益；如果做得不好，大家共同承担责任，而不是由某一个人去承担责任。我们公司的决策在很多时候都属于集体决策，但不是全部。

以上五种决策模型，不管用哪种，均有利弊。大家要根据公司的情况，选择合适的决策模型。比如集体决策效率比较低，但纠错能力比较强。责任人、老板、上级决策，效率比较高，但纠错能力偏弱。

我也见过很多企业老板自己的收入很低，干部的收入很高，甚至比老板收入还高，那请问老板还有动力吗？老板都没有动力了，企业还能走多久？

## 设立核心团队的联合目标

怎样让大家进行利益捆绑？我们可以设立核心团队的联合目标。联合目标通常有两个：总业绩和总利润。

在设置联合目标时，我们需要注意几个问题。

第一，公司核心管理者，包括董事长、总经理、生产总监、营销总监、行政总监、财务总监，甚至审计，都要对业绩和利润共同承担责任。

第二，如果公司今年的目标没有实现，行政和财务的收入是否会受到影响？这要看个人意愿。如果可以不要该项收入，行政或财务就不用承担责任；如果需要，就要形成联合目标。

第三，职位不同，所占比重有所不同。

比如，我们公司的行政总裁认为自己负责行政工作，并不负责营销和产品，为什么将业绩目标和利润目标放在他头上呢？我们是这样解释的：他是核心管理者，可以不要这项收入，就可以不用承担这个责任；如果要这项收入，就必须承担相应的责任。

如果公司打算从外部聘请一个总经理，他要求200万元的年薪，并且不能给他任何责任指标。我提醒大家，这种人最好不要用。

第四，通过联合目标形成利益共同体，有福同享，有难同当。联合目标将大家绑定在一起，让大家奔着经营目标的实现和公司的可持续发展来进行公司的运营，这样的企业战斗力就会比较强。

我们公司的核心团队主要岗位的联合目标制定情况也如此，职位不同，所占比重也有所不同。

### 1. CEO

CEO的主要任务是拿业绩的。对于CEO这个岗位，联合目标的总占比是40%，总业绩和总利润占比均是20%（见表2-1）。

表2-1 CEO的联合目标

| | 指标 | 权重 | 考核要求 | 计分方式 |
|---|---|---|---|---|
| 联合目标 40% | 总业绩 | 20% | 要求平衡业绩目标5亿元 | 3亿元起步，中间按比例得分 |
| | 总利润 | 20% | 要求平衡利润目标3000万元 | 1800万元起步，中间按比例得分 |
| CEO 指标 60% | 分子公司扩张 | 10% | 全年扩张10家新市场，平均月业绩达到30万元/月 | 5家起步，每多开设一家加1分，业绩达标再加1分 |
| | 互联网业绩 | 10% | 要求互联网推广实现业绩1500万元 | 从0起步 |
| | 分子公司利润 | 10% | 要求销售公司利润平衡目标3000万元 | 2000万元起步，每100万元加1分 |
| | 亏损公司数量 | 10% | 要求控制在5家以内（包含已经存在的老公司、开设6个月以上的新公司） | 每多1家亏损扣3分 |
| | 主管项目利润 | 10% | 要求主管公司利润300万元 | 200万元起步，每10万元加1分 |
| | 干部训练营 | 10% | 全年10期干部训练营 | 每开1期训练营，加1分 |

## 2. CTO

CTO 分管公司的产品,这个岗位的联合目标也是占 40%,总业绩和总利润分别占比 20%(见表 2-2)。

有的 CTO 认为,自己是负责产品的,不负责销售,为什么要把自己同销售挂钩?这里要说的是,如果产品缺乏竞争力,成本过高,到市场上销售难度就会增加。如果你的产品有竞争力,从技术上迭代,从原材料成本的优化,到生产效率的提升,成本降下来了,并且功能又良好,又具备竞争力,肯定就会卖得好一些。所以 CTO 不能只管生产。如果你生产一大堆产品一个都卖不动,最后让老板兜底,老板就一定会把你换掉。

表 2-2 CTO 的联合目标

| | 指标 | 权重 | 考核要求 | 计分方式 |
|---|---|---|---|---|
| 联合目标 40% | 总业绩 | 20% | 要求平衡业绩目标 5 亿元 | 3 亿元起步,中间按比例得分 |
| | 总利润 | 20% | 要求平衡利润目标 3000 万元 | 1800 万元起步,中间按比例得分 |
| CTO 指标 60% | 主管后端项目利润 | 20% | 要求主管项目利润 1000 万元 | 500 万元起步 |
| | 新事业部整合及建设 | 10% | 与 COO 共同新建 1 个事业部,并产生业绩 | 整合完成并产生业绩加 10 分 |
| | 新增项目中心及工程师数量 | 10% | 新增 5 个项目中心,20 名工程师 | 3 个开始计分,每加 1 个加 2.5 分 10 名工程师开始计分,每加 2 个加 1 分 |
| | 项目交付软件化 | 10% | 要求软件占到项目交付应用场景 30% | 按应用场景占比计分,每 3% 加 1 分 |
| | 互联网交付 | 10% | 要求全年业绩 3200 万元 | 从 2500 万元开始计分 |

## 3. COO

COO 的联合指标一共占比 20%。COO 的比重可以占的少一点,但不能没有联合目标。

表 2-3　COO 的联合目标

| | 指标 | 权重 | 考核要求 | 计分方式 |
|---|---|---|---|---|
| 联合目标 20% | 总业绩 | 10% | 要求平衡业绩目标 5 亿元 | 3 亿元起步，中间按比例得分 |
| | 总利润 | 10% | 要求平衡利润目标 3000 万元 | 1800 万元起步，中间按比例得分 |
| COO 指标 80% | 主管项目利润 | 20% | 要求全年实现利润 600 万元 | 从 200 万元起步，每 20 万元加 1 分 |
| | 主管事业部利润 | 20% | 要求全年实现利润 100 万元 | 从 0 起步，按比例得分 |
| | 风险管理 | 10% | 全年无重大法律纠纷事件 | 出现一起扣 5 分 |
| | 新事业部整合及建设 | 10% | 与 CTO 共同新建 1 个事业部，并产生业绩 | 整合完成并产生业绩加 10 分 |
| | 运营 | 10% | 保证会务高质量运营，要求做到每次课程音响及 LED 顺畅，顺利完成课程交付 | 会务出现一次重大问题扣 2 分 |
| | 新增成交手 | 10% | 增加 5 个成交手 | 每增加 1 个加 2 分 |

从表 2-3 中可以看出，其中没有我和公司董事长贾长松老师的指标，因为我们两个的指标是 CTO、COO 这两个岗位的平均值。如果 COO 有一些工作没有做，我们会帮助完成。如果他们的工作做不好，我们也会受影响，因为我们属于同一个利益共同体。

财务负责人的联合指标占 20%，总业绩和总利润各占 10%。

审计的联合指标也占 20%，总业绩和总利润各占 10%。

核心团队都是自己制定联合指标。一般情况下，大公司就是副总以上的，小公司就是部门负责人以上的。如果这个部门负责人只是一个主管级别的可以不参与联合指标的制定。

## ▍制作行动方案，进行里程碑式的推进

有许多企业定完目标就要求立即完成。目标怎么完成？产品如何改进？营销如何改进？营销团队要不要扩招？客户如何改进？结算方式如何改进？员工赋能如何改进？如果没有解决这些问题的有效方法，目标就会沦为口号。

我去重庆讲课，一位老板很开心地告诉我，他们公司达成了一致意见，今年的目标要比去年翻一番。我知道他们是做城市污水处理的，而城市污水处理是老项目。

我问他，实现今年的目标是靠他一个人，还是靠别人？他说靠他自己。他也表示公司在进行招聘。我又问他，公司有没有确切的招聘目标？比如，哪个岗位招人？薪资怎么定？是否有考核？新员工的职业发展规划是什么？他的回答是这些从未考虑过，也没有去准备。

从这位老板的回答中我们就能知道，这家公司制定的业绩翻番的目标是几乎不可能实现的，因为它缺少实现目标的关键动作，缺乏里程碑式的推进。

我们公司每年会在农历正月初八这天在线下举办学习型活动，2020年受疫情影响，我们举行了线上活动。董事会在正月初三召开线上会议，讨论未来几个月该如何做。当时我们就认为至少要扛3个月，并且我们也知道，面对这种情况，员工想得更多的问题是能不能按时发工资。我们就要考虑如何稳定员工的情绪，如何让公司在疫情中活下来。

我们做了很多关键动作。

第一，免费试用APP账号3个月。我们公司有两个APP——营家和长松系统。长松系统是定价14800元的一个账号，当时我们决定让企业免费使用3个月。因为我们知道当时有很多企业无法复工，这些企业也开始建群学习，我们公司的专家就为他们提供了一些支持。经过统计后我们发现，这一措施实行后的两个月，大概有12万家企业登录长松系统学习。

第二，我们把线下课程转移到线上。比如，我们的OPP老师过去的课程是两天，现在变成了2小时，课程讲完后开始卖和课程相关的产品。比如我们线上卖1980元，相当于预收线下课程的一部分门票，疫情结束后可以到线下上课。

第三，我们的专家直接一对一入驻企业做调研。

第四，我们的各分、子公司也开始卖门票。比如一次课程两天，正常收费是1980元。现在三场都是两天的课程，只需要1980元，相当于买一送二。等到各企业复工后，我们公司会派专门的老师内训。这1980元的课程包是超值的。

这样，在这个阶段，许多员工就有了收入，再加上线上的一些收入，我们维持了员工的稳定。

现在有很多人的目标没办法实现，不是目标有多难，也不是目标有多高，而是缺少关键里程碑的推进。当然，即使无法推动也是一种结果，至少我们尝试了，知道这条路走不通，就可以再换一条道路尝试。

行动方案又叫动作或者关键抓手。

行动方案包含事件、当下状态、理想状态、时间节点、责任人、对应的奖罚。通俗地讲，我们所做的行动方案，就是这件事现在是什么样子、我想把它做成什么样子、怎么去做、时间节点是什么。

有人问，我今年定了个目标，但今年没有实现，明年也没有实现，后年实现了，叫不叫实现？我认为这也叫实现，只不过是时间延迟了一些，但总归是达成目标了。

一次，我和几位企业高管在一起聊天，有一位高管问了我一个问题："一个人如何保持持续不断的热情？"我是这样回答的："当完成一个目标以后，我们要给自己定好下一个目标。我们对下一个目标仍然充满斗志，努力拼搏，就会有持续不断的热情和激情。"

## 顺位管理

### 1. 顺位管理的意义

顺位分为第一顺位、第二顺位、第三顺位、第四顺位。第一顺位是最重要的，它对我们的目标贡献最为直接，影响目标的成败。

老板做事是有第一顺位、第二顺位、第三顺位、第四顺位的。老板可能不只做一件排在第一顺位的事，有可能同时做几件事，第一顺位的事可能是并列的。除了第一顺位的事，老板可以做的还有很多，这就需要排序、筛选。比如P1是必做的，P2是需要满足条件才能做的，P3是可以不做的，P4是做不了的。具体而言，老板去管企业的考勤纪律，肯定能提高，效果也会很好；老板坐在公司前台，就没有人敢迟到了，但是老板做这些事的价值不高。

### 2. 顺位管理的核心

顺位管理的核心是效率和价值。效率是指某项工作对目标的贡献程度，价值是指做的工作的价值量。年薪几百万元甚至上千万元的老板，每天在前台抓考勤，就是人才浪费。老板可以做业务，但是比重不能过高。我发现，有的公司老板自己去做业务，忙得团团转，而公司的业务员却无所事事。这样做就有些得不偿失了。

有一些老板向我诉苦，自己每天都很忙，分身乏术。我告诉他们，要思考自己忙碌的原因，以及怎样做才能让自己轻松的方法。

企业老板、管理者要做到岗位回归，具体业务和工作要交给各部门的员工。这样才可能提升效率，并且实现价值量的最大化。

P1对目标达成有最直接的影响，通常由老板负责。上级的P2和P3，通常是下级的P1。每个人首先关注自己的P1，保证P1的实现，再去关注P2，不要让P3或P2影响P1。另外，短期目标要服从长期目标，当短期目标和长期目标发生冲突时，我们可以选择放弃短期目标。

## 检视状态

检视状态主要包括以下两个方面：

一是目标的信心状态，即大家对这个目标是否有信心；

二是目标实现的状态，即目标可以实现到哪种程度。

我们在工作中会遇到种种压力。有些人将其视为前进的动力，努力找到办法，克服压力给自己造成的困难；而有些人会将压力视为前进的阻碍，可能会产生畏惧的心理。我建议，面对压力，我们要检视目标的信心状态和目标的实现状态，不断增强信心，找到解决问题的办法，从而缓解压力，实现目标。

## ▎目标和收益挂钩

例如，我们公司有联合指标和综合指标。通过指标和考核，把大家绑定在一起，向着实现经营目标的方向努力。这样企业凝聚力会逐渐增强，企业也会实现可持续发展。

## ▎复盘

复盘分为：日复盘、周复盘、双周复盘、月度复盘、季度复盘、半年复盘、年度复盘。其中，周复盘、半月复盘有数据、分析动作跟进，可以在线上举行；月度复盘、季度复盘通过内部培训进行赋能，内部培训要分层进行；半年复盘、年度复盘是对目标再次确认及流程的优化，同时要有述职报告，部门负责人将接受质询。

复盘主要有六个步骤。

第一，检视当下结果与计划的差距。确定现在完成的情况，和计划之间有哪些差距，通过对比，寻求差异。

第二，确认已经做好的内容，及时总结经验，找出哪些经验是可以复制和传承的。比如公司在某一方面取得突破，要总结出取得突破的经验，并且通过培训把经验分享给大家，重新赋能，让更多的人具备这种能力。

第三，有待提升的内容。有待提升的内容可能是公司目前存在不足的地方。

第四，确定下一步的行动方案。

第五，需要的支持和资源有哪些。

第六，对应的奖罚措施有哪些。

# 目标管理的常用工具

## ▌看板管理

我们公司把看板管理叫作"一天三对照"。

"一天三对照",是指早上对照目标,中午对照过程,晚上对照结果,每天随时进行内容更新。早上以激励为主,晚上以查缺补漏为主。早上开会的时候,管理者尽量不要批评团队,否则员工一整天都带着情绪工作,会影响工作效果;可以在晚上指出员工问题所在。管理者千万不要过分批评、指责员工,这样员工会不服从管理。

我们公司的"一天三对照",也可以叫作工作日志,主要汇总业绩、目标、今日工作内容、收获、分享等内容。分享就是学到了什么、明日工作计划、我需要的支持、我需要改进的是什么。我们公司规定,工作日志需要提交电子版,于每天下午四点以后编写,并发到微信群里,让所有人都能看见。

下面是我在多年工作实践中总结的工作日志模板,它可以帮助大家更好地发现问题、总结经验。

## 工作日志

【业绩目标】

本月业绩目标 _____ 万元，已达 _____ 万元

【邀约目标】

本场邀约目标 _____ 家，已达成 _____ 家

【今日工作内容】

1. 有效电 _____ 个，意向客户 _____ 家

2. _____

3. _____

【今日收获/结果】

1. _____

2. _____

3. _____

【改进计划】

1. _____

2. _____

3. _____

【明日工作计划】

1. _____

2. _____

3. _____

【我需要的支持】

1. _____

2. _____

3. _____

## 公众承诺书

### 公众承诺书

本人_____承诺，_____，我（或团队）的业绩达到_____。如果我未完成目标，将接受_____处罚；如果我完成目标，奖励自己_____，奖励团队_____。

见证人：
监督人：
承诺人：
时   间：

我建议公众承诺的周期越短越好，最长不要超过3个月，时间越长，对责任人要求越高，也更加考验其心理承受能力；"本人"后面是个人的名字，承诺后面是时间段。写明自己的业绩目标，团队的业绩目标，或者将工作做到哪种程度。如果做到了，会奖励自己什么，奖励可以是聚餐、旅游之类的项目；如果做不到，将接受什么处罚。注意，接受处罚时不要伤害自己。

下面是见证人，现场的人都可以成为见证人；之后是监督人、承诺人。我建议监督人最好是承诺人的直接上级。

我们写完公众承诺书以后，通常要公开宣读，然后贴在公司里较为明显的地方，如公告栏，这样方便接受大家的监督。

## 目标责任协议书

目标责任协议书签订的对象是部门经理级别以上的关键人才，签订的周期通常以年为单位。

_____年工作目标责任协议书

甲方：_____
乙方：_____

为优化公司人力资源管理配置，提高公司高管积极性，明确甲乙双方劳动关系，经甲乙双方友好协商，特签订本目标责任协议书。

**一、聘用岗位和时间**

甲方聘用乙方担任甲方_____职务，全面负责_____工作，聘任、考核时间为_____年1月1日至_____年12月31日。考核结束后，双方根据实际情况，签订下一年度目标责任协议书。

**二、乙方的主要岗位职责**

1.
2.
3.

**三、乙方薪酬结构及收益说明**

1. 乙方工资结构为"固定工资+绩效工资+年终奖金"（参考）。其中，固定工资为_____元，绩效工资为_____元，年终

奖金为 _____ 元。

2. 收益说明。

· 固定工资：与日常职责履行挂钩，具体参照《岗位工作分析表》。

· 绩效工资：与月度绩效考核挂钩，具体参照《岗位月度绩效考核表》。

· 年终奖金：为公司利润增长部分的 _____ %。

四、乙方全年绩效考核指标与方法

1. 乙方绩效考核表。

考核评分表（　　）

· 姓名：　　　　岗位：

| 类别 | 序号 | 考核项目 | 权重 | 指标要求 | 评分等级 | 得分 |
|---|---|---|---|---|---|---|
| 业绩考核 | 1 | | | | | |
| | 2 | | | | | |
| | 3 | | | | | |
| | 4 | | | | | |
| | 5 | | | | | |
| | 6 | | | | | |
| 加权合计： | | | | | | |

| 类别 | 序号 | 行为指标 | 权重 | 指标说明 | 考核评分 | 得分 |
|---|---|---|---|---|---|---|
| 行为考核 | 1 | | | | | |
| | 2 | | | | | |
| | 3 | | | | | |
| | 4 | | | | | |
| | 5 | | | | | |
| | 6 | | | | | |
| 加权合计： | | | | | | |
| 总分 | 总分 = 业绩考核得分 ×80%+ 行为考核得分 ×20%= | | | | | |
| 考核人 | 签字　　　　　　　　　　　　　　　　　　年　　月　　日 | | | | | |

2.考核成绩与奖金系数对应表。

**考核成绩与奖金系数对应表**

| 考核分数 | 绩效工资系数（K） |
| --- | --- |
| 95 分及以上 | 1.2 |
| 90~94 分 | 1.0 |
| 85~89 分 | 0.9 |
| 80~84 分 | 0.8 |
| 75~79 分 | 0.7 |
| 70~74 分 | 0.6 |
| 65~69 分 | 0.5 |
| 60~64 分 | 0.4 |
| 60 分以下 | 0 |

注：考核奖金总额=考核奖金基数×K。

五、乙方义务

1.乙方必须保守甲方的商业信息，如泄露商业信息，要追究乙方的法律责任。

2.乙方在工作期间，不得利用职权进行违规作业。

3.乙方若工作非常突出，贡献较大，甲方可适当对乙方进行额外嘉奖。

4.若乙方在不满服务期主动离开公司，则取消服务期满后的绩效奖励资格；若乙方在不满服务期被动离开公司，则按服务的期限考核兑现。

六、电网指标

1.公物私用。

2.不按标准用人。

3.吃回扣。

4. 非公司行为行贿。

5. 泄露商业机密。

6. 公款私用。

7. 虚报假账。

8. 旷工。

9. 捏造或传播虚假消息。

10. 利用信息获得私人利益。

11. 销毁证据。

12. 虚假预算获得物质开支。

13. 违反品行指标。

14. 利用职务之便制造假数据获得利益。

15. 违法。

乙方触及电网指标，甲方有权对乙方进行停职、降职、降薪、换岗、调离或解约。

## 七、其他事项

1. 本责任书一式二份，甲乙双方各执一份。

2. 如果中间有变化，经双方友好协商调整。

3. 如果乙方岗位变更，工资也随之变化。

4. 未尽事宜双方协商确定。

甲方：　　　（签字盖章）　　　乙方：　　　（签字盖章）

签名（第一负责人）：　　　　　签名：

　　　年　月　日　　　　　　　　　年　月　日

我们来解读目标责任协议书。

## 1. 目标责任协议书的核心项

第一项,参照目标规划及工作分析表;

第二项,参照薪酬结构及收益说明;

第三项,参照目标规划及绩效考核表;

第四项,双方另行约定的义务和责任。

## 2. 签订前的准备

第一,制作目标责任协议书。

目标责任书有两种形式:一种是单体版,一种是联合版。

第二,进行一对一地沟通。

制作好目标责任协议书后,要和签名人进行沟通,并达成一致意见。注意,此时无需签名人签字。

第三,召开动员会。

如果公司是第一次做目标责任协议书,建议召开动员会。如果以后再续签目标责任协议书,可以不用召开动员会。

签订的核心是仪式感,仪式感越隆重,大家越重视。企业评选先进等活动,也要有仪式感。

如何增加签订目标责任协议书的仪式感?我建议大家要注意一些细节。

第一,着正装。

第二,要有签订台。

第三,要有主持人。公司第一次签订目标责任协议书,主持人最好是公司的核心高管,因为签订目标责任协议书的人职位非常高。

第四,要营造氛围。比如,播放一些激励人心的音乐,摆放鲜花，都能起到烘托氛围的效果。

第五，要有见证人。

第六，要用照相机、摄像机记录整个签订仪式。

下面是某公司生产总监目标责任协议书的示例。

## _____公司_____年生产总监目标责任协议书

甲方：_____公司

乙方：_____（身份证号码：_____）

为加强公司人力资源管理，提高公司高管人员积极性，明确甲乙双方劳动关系，经甲乙双方友好协商，特签订本目标责任协议书。

一、聘用岗位和时间

甲方聘用乙方担任甲方生产总监职务，全面负责企业生产管理工作，聘任、考核时间为____年1月1日至____年12月31日。考核结束后，双方根据实际情况，签订下一年度目标责任协议书。

二、乙方的主要岗位职责

1. 负责按公司发展战略，制订企业生产计划；

2. 负责依据生产计划，按要求在规定时间内保质保量地完成生产任务；

3. 负责对生产成本进行预算与控制；

4. 负责生产车间的安全生产，确保无安全隐患；

5. 负责建立及完善生产管理制度、生产流程管控体系，并监督实施；

6. 负责生产团队的打造，保证编制要求，建立人才培养机制及人员晋升体系；

7. 负责对下属人员的考核，并提出奖惩方案；

8. 做好生产部各部门间的协调工作，保证各部门工作顺畅；

9. 做好 5S 管理工作，保证各项要求达标。

三、乙方的薪酬结构及收益说明

1. 乙方工资结构为"固定工资＋绩效工资＋分红＋超产奖"（乙方工资结构仅供参考）。其中，固定工资为____元，绩效工资为____元；分红为____元，超产奖为____元。

2. 收益说明。

· 固定工资：与日常职责履行挂钩，具体参照《岗位工作分析表》。

· 绩效工资：与月度绩效考核挂钩，具体参照《岗位月度绩效考核表》。

· 分红：按生产部门核算利润的____% 提取。

· 超产奖：超额生产部分的____%；年终奖金为本年度业绩同比上年度业绩超额部分的____%，其中超出目标____% 的，再增发上涨部分的____%。

四、乙方全年绩效考核指标与方法

1. 乙方绩效考核表。

**生产总监考核评分表（年度）**

· 姓名：　　　岗位：

| 类别 | 序号 | 考核项目 | 权重 | 指标要求 | 评分等级 | 得分 |
|---|---|---|---|---|---|---|
| 业绩考核 | 1 | 生产计划 | 10% | 每年12月制定并提交下年度生产计划，且通过 | 符合要求10分<br>任何一项不符合0分 | |
| | 2 | 生产任务完成 | 20% | 按目标要求在规定时间内完成生产任务 | 按要求完成20分<br>任何一项不符合0分 | |
| | 3 | 生产总成本控制 | 10% | 制定并提交生产成本预算，且通过，实际成本发生额不超预算 | 符合要求10分<br>延时提交预算扣5分<br>未提交预算0分<br>生产总成本超出预算0分 | |

(续表)

| 类别 | 序号 | 考核项目 | 权重 | 指标要求 | 评分等级 | 得分 |
|---|---|---|---|---|---|---|
| 业绩考核 | 4 | 生产质量 | 20% | 产品合格率为98%以上，无质量事故发生 | 符合要求20分<br>合格率95%以上10分<br>合格率低于95%为0分<br>发生质量事故0分 | |
| | 5 | 员工流失率 | 10% | 全年员工流失率低于__% | 符合要求10分<br>不符合要求0分 | |
| | 6 | 生产流程体系的建立与完善 | 20% | 建立生产管理制度、生产流程管控体系 | 完成率在90%以上20分<br>完成率在85%以上10分<br>完成率低于80%为0分 | |
| | 7 | 安全事故 | 10% | 无安全事故发生 | 无事故发生10分<br>有事故发生0分 | |
| 加权合计： | | | | | | |

| 类别 | 序号 | 行为指标 | 权重 | 指标说明 | 考核评分 | 得分 |
|---|---|---|---|---|---|---|
| 行为考核 | 1 | 清财 | 25% | 1级：不违反财务制度<br>2级：没有任何财务问题，并主动接受监督<br>3级：不因自身利益而破坏游戏规则<br>4级：主动节省费用，并不影响工作质量<br>5级：因为财务原因，对其他成员产生影响力与威慑力 | 1级5分<br>2级10分<br>3级15分<br>4级20分<br>5级25分 | |
| | 2 | 指挥 | 25% | 1级：常规指标清晰<br>2级：详细指导并告知操作方法<br>3级：坚决恰当处理不合理要求，并对后果负责，控制场面<br>4级：团队工作秩序井然，成员离场行为较好<br>5级：指挥具有艺术性，成员不易违规 | 1级5分<br>2级10分<br>3级15分<br>4级20分<br>5级25分 | |
| | 3 | 承担责任 | 25% | 1级：承认结果，而不是强调愿望<br>2级：承担责任，不推卸，不指责<br>3级：着手解决问题，减少业务流程<br>4级：举一反三，改进业务流程<br>5级：做事有预见，有防误设计 | 1级5分<br>2级10分<br>3级15分<br>4级20分<br>5级25分 | |

(续表)

| 类别 | 序号 | 行为指标 | 权重 | 指标说明 | 考核评分 | 得分 |
|---|---|---|---|---|---|---|
| 行为考核 | 4 | 领导力 | 25% | 1级：任命员工合理<br>2级：能正确评价员工付出与回报协调性<br>3级：对员工业绩与态度进行客观评价<br>4级：掌握岗位精确工作技术及全面专家技术并组织实施产生良好效果，培训员工为胜任者<br>5级：影响力大，员工自愿追随并做出贡献 | 1级5分<br>2级10分<br>3级15分<br>4级20分<br>5级25分 | |
| | 加权合计： | | | | | |
| 总分 | 总分 = 业绩考核得分 × 80% + 行为考核得分 × 20% = | | | | | |
| 考核人 | 签字<br>　　　　　　　　　　　　　　　　年　月　日 | | | | | |

## 2. 考核成绩与奖金系数对应表

### 考核成绩与奖金系数对应表

| 考核分数 | 绩效工资系数（K） |
|---|---|
| 95 分及以上 | 1.2 |
| 90~94 分 | 1.0 |
| 85~89 分 | 0.9 |
| 80~84 分 | 0.8 |
| 75~79 分 | 0.7 |
| 70~74 分 | 0.6 |
| 65~69 分 | 0.5 |
| 60~64 分 | 0.4 |
| 60 分以下 | 0 |

注：考核奖金总额 = 考核奖金基数 ×K。

### 五、乙方义务

1. 乙方必须保守甲方的商业信息，如泄露商业信息，要追究乙方的法律责任。

2. 乙方在工作期间，不得利用职权进行违规作业。

3. 乙方若工作非常突出，贡献较大，甲方可适当对乙方进行额外嘉奖。

4. 若乙方在不满服务期主动离开公司，则取消服务期满后的绩效奖励资格；若乙方在不满服务期被动离开公司，则按服务的期限考核兑现。

### 六、电网指标

1. 公物私用。

2. 不按标准用人。

3. 吃回扣。

4. 非公司行为行贿。

5. 泄露机密。

6. 公款私用。

7. 虚报假账。

8. 旷工。

9. 捏造传播虚假消息。

10. 利用信息获得私人利益。

11. 销毁证据。

12. 虚假预算获得物质开支。

13. 违反品行指标。

14. 利用职务之便制造假数据获得利益。

15. 违法。

乙方触及电网指标，甲方有权对乙方进行停职、降职、降薪、换岗、调离或解约。

七、其他事项

1. 本责任书一式二份，甲乙双方各执一份。
2. 如果中间有变化，经双方友好协商调整。
3. 如乙方岗位变更，工资也随之变化。
4. 未尽事宜双方协商确定。

甲方：　　（签字盖章）　　　乙方：　　（签字盖章）

签名（第一负责人）：　　　　签名：

　　年　月　日　　　　　　　年　月　日

# 业绩 PK 设计

## 1.PK 是什么

业绩 PK 是一种着眼于竞争文化的机制，其主旨在于提倡良性竞争，充分调动群体力量，激活团队，快速提升业绩。

## 2.PK 的作用

第一，让弱者变强，强者更强。

第二，通过 PK 产生胜利者，可以激励其他员工超越胜利者。

第三，让员工增加对荣誉的关注度。

第四，PK 的核心在于自我成长。

第五，让员工更好地参与到竞争当中，实现自我突破。

### 3.PK 适用对象

业绩 PK 适用于绝大部分营销团队，尤其是下面这几种团队：

一是员工积极性弱，每月做到一定销售额后就不愿意再出单的团队；

二是各个销售部门、销售区域各自为政，互不关心的团队；

三是员工认为工作只是为了收入，缺乏目标和追求的团队；

四是员工的销售潜力没有得到充分发掘的团队。

PK 主要用在销售体系，也可以用在生产体系、职能系统等部门，需要针对部门特点适当调整 PK 指标。

### 4.PK 的原因

我建议大家记住两种思维模式。

第一种：Having—Doing—Being。

这种模式可以这样解读：当我拥有了总经理的能力，就去做总经理的事情，最后我就成了总经理。

第二种：Being—Doing—Having。

这种模式可以这样解读：尽管我现在不是总经理，但我用总经理的标准去做事，就拥有了总经理的能力。

第二种模式更好一些。在成功之前，我们要找到一个已经成功的人进行对标，又叫对位，这有助于我们成功。

比如，你想提高收入，就要看看那些已经提高收入的人，或者高收入的人是怎样做的。他们怎样理解目标？他们为了实现目标做了哪些工作？当他们的团队发生矛盾和冲突时，他们做了些什么？他们的人生价值观是什么？你需要了解这些内容，努力提高自己的能力。

有些老板说："我要做一家上市公司。"你知道上市公司老板的背景吗？你知道他的社会资源吗？你知道他是如何理解产品、理解人才的吗？你想要公司上市，就要和上市公司进行全方位的对位——老板对老板、生产对生产、研发对研发、营销对营销、财务对财务，逐步找到差距，补齐短板，才有机会获得想要的结果。

要想让公司的产品具有竞争力，方法之一是找到本行业最具有竞争力的产品研发团队，同他们进行全方位的对位；要想把营销做到行业最好，就要找到行业中最优秀的营销管理者进行对位，自己才会有所提高。有的老板认为自己学不会，就不去对位，无形中失去了一个进步的机会。

对位要有开放的心态。我们公司内部的分享文化非常好，不管是什么岗位，只要取得好成绩，就会有不少人向他们请教，他们也愿意和大家分享，提供帮助。

PK要找到一个优秀的人去对位，通过对位向他学习，才有机会成为他那样的人，并且有可能超越他。

### 5.PK的方法

常见的PK方法有正PK、反PK、相对PK、抱团PK、拆分PK、群PK、对赌（见图2-2）。企业用得最多的方法是正PK和对赌，大家可以根据实际情况选择适合自己企业的方法。

# 第二章 铁军目标规划及达成

```
                                    PK
         ┌──────┬──────┬──────┬──────┼──────┬──────┬──────┐
        正PK   反PK  相对PK  报团PK 拆分PK  群PK   对赌
```

**正PK**：根据业绩等数量指标，从高到低依次排序，由名次低的向名次高的发起PK，名次高的不得拒绝

- PK的周期：一般以月为单位
- PK的金额：通常是一个区间，要设封顶值
- 主持人：由现场最高行政长官担任
- 买码：双方PK金额没有达到封顶值时，剩余金额可以开放买码，允许现场观众买码，且买码只能买名次低的
- 放码：买码人多时，让平时参与少的人先买码；买码人少时，游说活跃分子来买码
- 不愿PK时：正激励／负激励／核心资源支持法／副职替代法

**反PK**：根据业绩等数量指标，从高到低依次排序，由名次高的向名次低的发起PK
- 赔付比例为1：2~1：10

**相对PK**：适应业绩相对稳定但业绩分布均衡的企业
- A门店业绩20万元
- B门店业绩30万元
- C门店业绩50万元
- PK各门店同一个月的业绩增长率

**报团PK**：公司有大市场、小市场，把若干个小市场联合起来与大市场进行PK

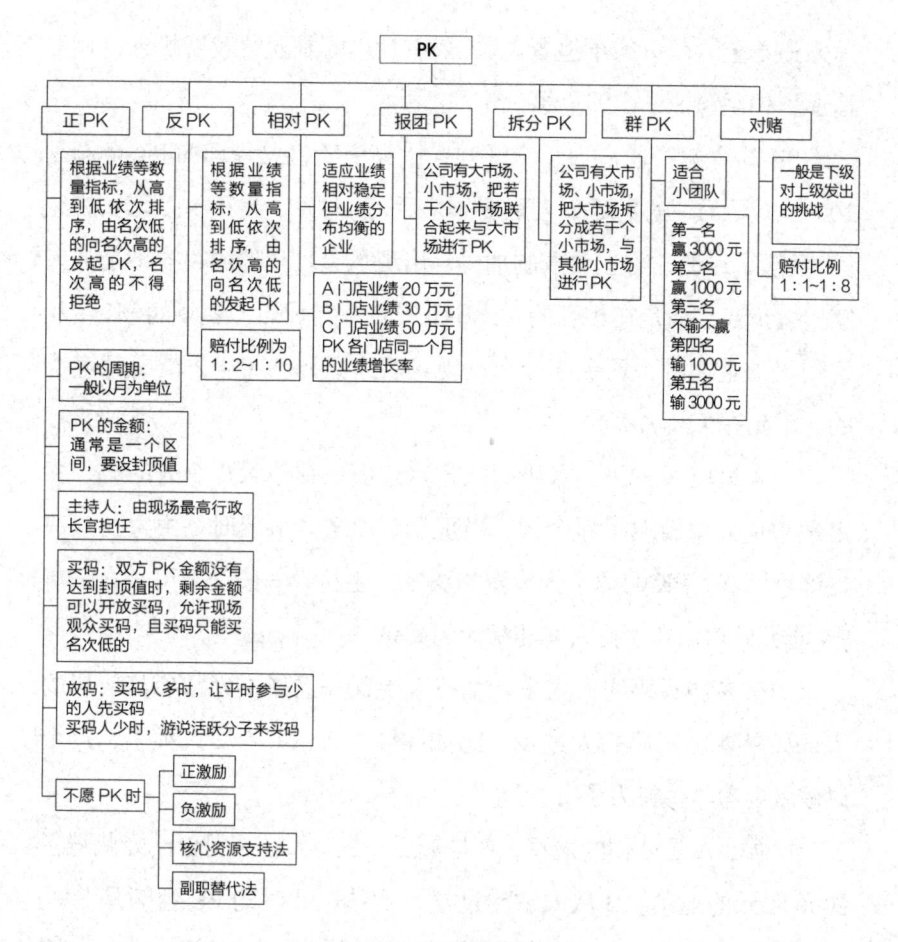

**拆分PK**：公司有大市场、小市场，把大市场拆分成若干个小市场，与其他小市场进行PK

**群PK**：适合小团队
- 第一名 赢3000元
- 第二名 赢1000元
- 第三名 不输不赢
- 第四名 输1000元
- 第五名 输3000元

**对赌**：一般是下级对上级发出的挑战
- 赔付比例1：1~1：8

图2-2　PK的方法

第一种，正PK。

根据业绩等数量指标，从高到低进行次序排列，由名次低的向名次高的发起PK，名次高的不得拒绝。比如第五名向第一名发起PK，第一名不得拒绝，这是规矩。你是第一名，我愿意向你学习，即使我在PK中失败了，我也愿意把PK金额给你。

PK的周期：通常以1个月或2个月为单位，最长不要超过3个月，一旦超过3个月就没太大的意思了。因为3个月业绩差很大，

后来追不上，就可能不追了。PK 最有意思的是业绩胶着状态，相互追逐，相互领袖，谁都不愿意输。

PK 的金额：通常为一个区间，比如说我们总经理的 PK 金额是 3000~1 万元，就是两个人只要一搭手 3000 元，封顶 1 万元。注意 PK 金额要封顶，防止无限制加码，出现风险。我们的目的不是让大家出多少钱，而是在相互的对比中获得成长与成就。现场的 PK 金额不到封顶金额时，剩余部分允许现场观众买码。买码只能买低名次的，不允许买高名次的。

一人只能买一码，买码的人肯定想赢，那他买那个人的码，肯定平常也会偷偷地帮那个人。当现场有很多人买码时，由主持人决定谁可以买，PK 的两个人没资格决定。主持人一般是董事长，一场 PK 能否成功，和主持人有非常大的关系。

如果参加买码的人太多，主持人要优先选择不经常参与买码的人；如果参加买码的人过少，比如需要 7 人，只有 2 人举手，这个时候就要考验主持人了。

比如，A 是公司的冠军，B 是最后一名。A 在 3 月份已经获得了 2000 万元的业绩，B 从未拿到过这一业绩。此时的 PK 金额是 3000 元，买码金额是 7000 元。C 是公司的财务人员，以前很少参加这样的活动。D 是公司里的活跃分子，谁 PK 他都买码，即使他第一个举手，主持人也不一定选他。

再如，A 是第一名，B 是第五名。第五名和第一名 PK，赢的概率小，所以不愿意 PK。

不愿 PK 时，可以采取以下方法。

正激励：比如"从来到公司第一天就想成为冠军，要想成为冠军最有效的方法，就是和冠军进行对位，所以现在给你个机会向第一名发起 PK"。

负激励：比如"我看你的状态，下个月不要说第五名，前十都进不去"。

核心资源支持：比如"你现在是第五名，我就想让你成为冠军，体会一下冠军的感受。董事长、总经理、营销总监都买你赢，把你送到冠军"。

副职替代：经理不愿意PK，让副经理来，并告知未来两个月由副经理带团队。

支持人：比如"赢了算你的，输了算我的"。

第二种，反PK。

由高名次向低名次发起PK，赔付比例在1∶2~1∶10这一区间内。

第三种，相对PK。

相对PK重点看PK双方业绩增长的增长率——谁的增长率高，谁就在PK中取得胜利。当然，有增加的，就会有下降的，谁下降了谁就失败了。这种方式适合业绩相对稳定、市场业绩分布不均衡的企业。

比如，在A、B、C三个门店中，A门店每月的业绩为20万元，B门店每月的业绩为30万元，C门店每月的业绩为50万元。A门店从来没达到过30万元的业绩，更不要说50万元了。

A如果与B或C进行相对PK，就可以比较A与B或C在同一个月的业绩增长率，谁的增长率高，谁就获胜。

第四种，抱团PK。

公司有大市场和小市场，小市场没有和大市场抗衡的能力，可以让小市场联合起来，与大市场进行PK。

第五种，拆分PK。

公司有大市场和小市场，将大市场拆分若干个小市场（如一个部门、一个区域），与其他小市场进行PK。

第六种，群 PK。

这种方式适合小团队。如第一名赢 3000 元，第二名赢 1000 元，第三名不输不赢，第四名输 1000 元，第五名输 3000 元。

第七种，对赌。

上下级直接的 PK。由于上下级能力资源不对等，赔付比例变为 1∶1~1∶8。对赌和反 PK 的起点不一样，反 PK 的起点是 2 倍，最多是 10 倍，对赌是 1~8 倍。

### 6.PK 的流程

第一步，确定 PK 对象。PK 的对象就是 PK 双方，可以是员工与员工 PK，也可以是团队与团队 PK，分子公司与分子公司 PK。

PK 对象要选择同类员工或团队，比如，销售员 PK 销售员。PK 对象的岗位类型多以上山型为主，如销售岗位、生产岗位。平路型、下山型岗位，如人事岗位、行政岗位不建议 PK。

第二步，营造 PK 氛围。公司需要营造"你追我赶"的氛围，激发员工、团队的潜力和能量，帮助他们在良性竞争中提升自己。

营造 PK 氛围的主要方法有：标语、口号、视觉化内容等。

第三步，制定 PK 规则。PK 规则是由企业规定的，PK 双方共同遵守的制度。PK 规则是由书面形式规定的成文条例，它是企业合理、有序进行 PK 的保障。

### 7.PK 的规则

PK 的规则必须包含以下五点内容。

一是 PK 的资格，即以正常增长速度的 PK 业绩标准作为参加 PK 的资格。

二是 PK 的对象。PK 对象在 PK 的流程中有具体描述，此处不再赘述。

三是PK的周期。PK周期指从PK开始到进行业绩结算的时间。

PK周期一般为1个月，不超过3个月。对于销售周期较长的企业，如工程类、大型制造业等企业，PK的周期可以为半年或一年。

四是PK的指标。我建议企业尽量选用单一指标，如销售额、毛利润、客户数量等。

五是PK的奖罚。在PK之前，要设定奖罚标准和内容，获胜方要给予奖励，失败方要接受惩罚。

在制定PK规则时，有以下注意事项。

第一，PK的规则要简单。简单的PK规则操作起来会比较容易、高效。

第二，PK的规则要公平。所有的PK必须要在规则相同的基础上进行，不能因为个体差异、能力差异改变PK规则。

第三，PK的规则要公布。PK的规则需要公司通过正式的文件公布，这样显得比较正式。

# 第三章

## 铁军团队组建与机制平台建设

有人问我：是不是企业的规模越大，老板就越累？我的回答是"不一定"。据我观察，累的往往是小公司的老板，大公司的老板会比较潇洒，因为他的企业有团队管理。

经营一家企业是有套路的，找到并且掌握它，企业老板会感到轻松，找不到套路，就会觉得筋疲力尽。

# 企业发展的六个阶段

企业发展可以分为六个阶段，见图 3-1。

第一阶段：个体户，又叫初创期。

第二阶段：有限公司部门制，又叫发展期。

第三阶段：有限公司中心制，又叫扩张期。

第四阶段：事业部与分、子公司并行，又叫平台期。

第五阶段：集团公司制，又叫产业链期。

第六阶段：投资集团公司制，又叫资本期。

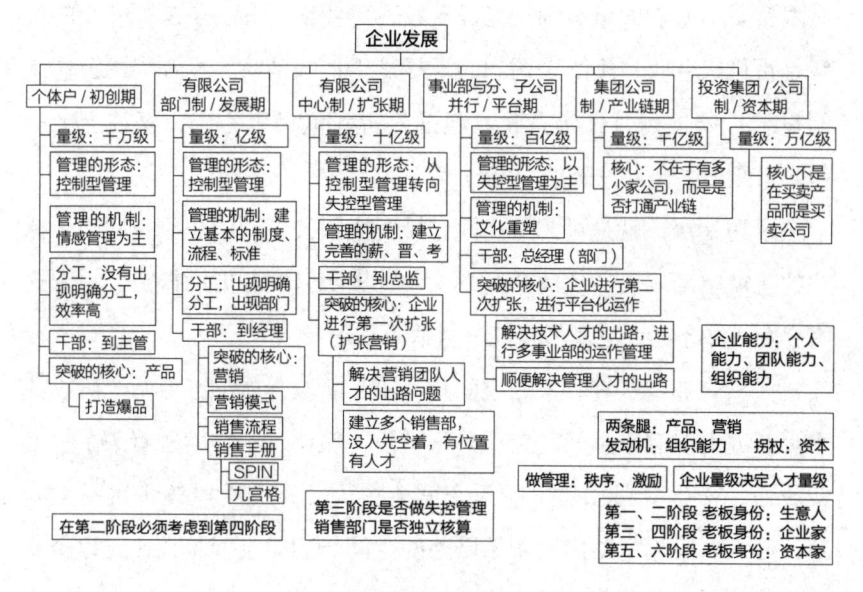

| 企业发展 | | | | | | |
|---|---|---|---|---|---|---|
| 个体户/初创期 | 有限公司部门制/发展期 | 有限公司中心制/扩张期 | 事业部与分、子公司并行/平台期 | 集团公司制/产业链期 | 投资集团/公司制/资本期 | |
| 量级：千万级 | 量级：亿级 | 量级：十亿级 | 量级：百亿级 | 量级：千亿级 | 量级：万亿级 | |
| 管理的形态：控制型管理 | 管理的形态：控制型管理 | 管理的形态：从控制型管理转向失控型管理 | 管理的形态：以失控型管理为主 | 核心：不在于有多少家公司，而是是否打通产业链 | 核心不是在买卖产品而是买卖公司 | |
| 管理的机制：情感管理为主 | 管理的机制：建立基本的制度、流程、标准 | 管理的机制：建立完善的薪、晋、考 | 管理的机制：文化重塑 | | | |
| 分工：没有出现明确分工，效率高 | 分工：出现明确分工、出现部门 | 干部：到总监 | 干部：总经理（部门） | | | |
| 干部：到主管 | 干部：到经理 | 突破的核心：企业进行第一次扩张（扩张营销） | 突破的核心：企业进行第二次扩张，进行平台化运作 | | | |
| 突破的核心：产品 | 突破的核心：营销 | 解决营销团队人才的出路问题 | 解决技术人才的出路，进行多事业部的运作管理 | 企业能力：个人能力、团队能力、组织能力 | | |
| 打造爆品 | 营销模式 销售流程 销售手册 SPIN 九宫格 | 建立多个销售部，没人先空着，有位置有人才 | 顺便解决管理人才的出路 | 两条腿：产品、营销 发动机：组织能力 拐杖：资本 | | |
| | 在第二阶段必须考虑到第四阶段 | 第三阶段是否做失控管理 销售部门是否独立核算 | | 做管理：秩序、激励 企业量级决定人才量级 | | |
| | | | | 第一、二阶段 老板身份：生意人 第三、四阶段 老板身份：企业家 第五、六阶段 老板身份：资本家 | | |

图 3-1 企业发展的六个阶段

其中，第一阶段是最稳定的。在这一阶段，企业员工通常是家庭成员或朋友，都很努力工作，因此企业这一阶段的业态良好。在未来5~10年，中国的个体户企业将成为中国民营经济强有力的补充。我们可以去关注一下日本、德国、法国这些国家，大型企业就那么多，但真正支撑市场的是个体户企业。有很多企业只有10~20个人，但已经存在了多年。原因在于他们把一件事做到了极致，成为细分领域的隐形冠军。

最不稳定的是第二阶段，企业要么招不到人，要么留不住人。处在这一阶段的企业老板经常说一句话："不能让我们的员工参加学习培训，一旦培训完，他们就辞职了。"这就形成了"铁打的营盘流水的兵"，即除了老板不换，其他人基本上每年都会换一遍。

在不同的阶段，企业的量级是不一样的。个体户的量级大概是千万级别的营收。然而有很多个体户很难达到这一标准，一年几百万元甚至几十万元的都不计其数。有限公司部门制的量级为亿级营收，有限公司中心制的量级为十亿级营收，事业部与分、子公司并行的量级是百亿级营收；集团公司制的量级是千亿级营收，投资集团公司制的量级可以做到万亿级营收。通过分析我们可以看出，每往上走一级，量级就会是前一级的10倍。

所谓量级，就是可想象空间。投资集团公司制的想象空间比个体户的想象空间要大，然而个体户比投资集团公司制要活得久，只要这家企业人才不断，它就有可能一直活下去。

一家企业真正有想象的空间是从第三阶段开始的。前两个阶段几乎没有太大的想象空间。到了第三阶段，随便跳一跳就碰着头了；第四阶段，像坐飞机旅行，想象空间会更大；第五阶段仿佛置身太阳系；第六阶段类似冲出太阳系以外的空间。想象空间越大，支撑企业发展的梦想也会变大。

## 个体户 / 初创期

这一阶段管理的形态是控制型管理，即企业由老板一个人说了算。老板说："我们定个目标，在年底实现 2 亿元的销售额。各位高管，你们认为有问题吗？"表面上看老板是和你商量，本质上就是通知你必须这样干。你愿意干就往前走，不愿意干就离开，老板是不会跟你商量的，即使老板说错了，也要将错就错，这叫控制型管理。例如，一家人开餐馆，孩子在前面招呼顾客，家长在后面炒菜，这就是典型的个体户经营模式。见图 3-2。

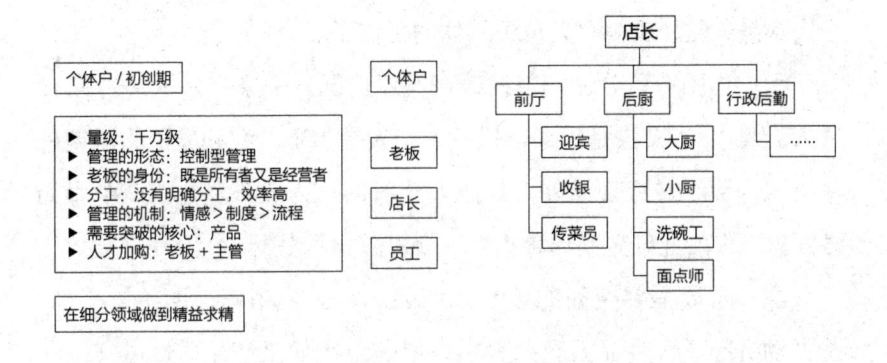

图 3-2　个体户 / 初创期

情感化在这一阶段尤为突出。在这一阶段，老板不要制定过多的规则，限制越多，就越痛苦。比如，公司规定员工上班不能迟到，迟到一次罚款 2 元，老板的母亲也在公司上班，如果她迟到了，该如何处理？这个时候就要动之以情，晓之以理。有的公司每个月只发一项固定工资，到了年底，如果公司挣钱了，老板可以给员工发一个大红包；如果没有挣钱，就请大家吃一顿饭，以表诚意。

在这一阶段，员工的工作效率会很高，并高于其他任何阶段。我们公司已经成立十几年了，我认为我最幸福的时刻就是创业初期。我可以不用讲课，只负责公司的管理工作。尽管身体在休息，头脑却闲不下来，每天都在想公司如何扩大和发展，甚至连做梦的内容都和公司的发展有关。

这一阶段没有明确的分工，却有较高的效率。比如，今天来原材料了，明天要出货，短时间货量不够，不管是财务还是其他部门员工，都会主动帮忙。

这个阶段的部门干部最高到主管就可以，没有主管也可以，老板只需带着几个人工作。公司规模不大，员工也不多，就不用过多地设立总经理、经理等职位了。比如，公司一共才8个人，如果这8个人都是总监，就没有人负责具体的工作了。

我们集团有些分公司曾经存在类似情况。一家分公司一共有12个人，其中11个人是领导，只有1个人是员工。我和集团的营销总裁决定，除了总经理以外，其他人全部调整为业务员。在一个月的时间里，你的业绩做到哪种程度，就对应哪种薪酬。

这一阶段需要突破的核心是产品。过去是销售，现在是产品。过去物资匮乏，商品很容易卖出；但是现在如果产品质量堪忧，即使销售能力再强，企业也无法在竞争中占据优势。在这一阶段，我们要把产品做成爆品，上下游先形成产品链，再横向扩展，设立各种产品的事业部，从而进行互补。

## 有限公司部门制 / 发展期

这一阶段的管理形态依然是控制型管理；管理机制是建立相对完善的制度、流程标准，当然，很难有绝对的完善；这一阶段的分工比较明确，主要有销售部、生产部、财务部等部门规划；这一阶段的干部开始到部门经理；需要突破的核心是营销。见图 3-3。

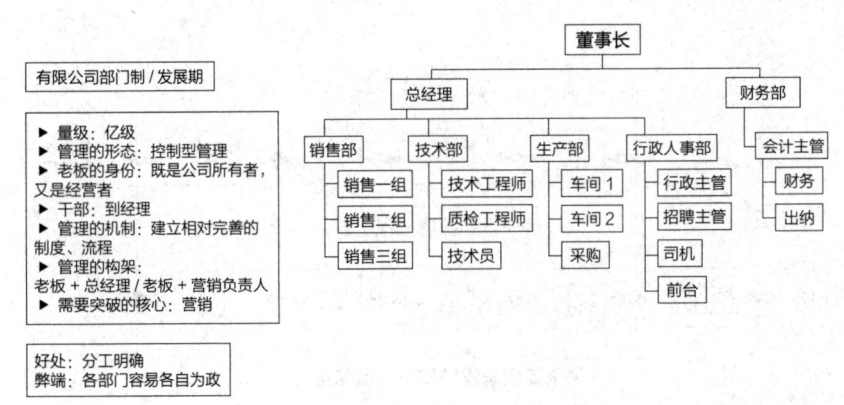

图 3-3　有限公司部门制 / 发展期

有人认为中国的个体户在未来可能没有生存空间，原因在于其产品缺乏竞争力，缺乏原创，甚至是模仿抄袭别人的产品。个体户要想在激烈的市场竞争中存活，就要有自己独特的产品。

例如，上海南京路曾经有一位师傅是做中山装的，他只做中山装，并且价格低于 10 万元人民币的不做，不少明星都是他的客户。这位师傅就是在产品上面下功夫，做精、做细，从而形成口碑。所以要在产品的细分领域里面做到隐形冠军。

有限公司部门制阶段要突破的是营销，营销主要从销售流程、销售手册两个方面。

企业如果没有做好这两个方面，就难以在这一阶段有重大突破。

中国有很多民营企业一直处于这一阶段,无法顺利地进入下一阶段。

销售流程是沿着我们的路径去寻找客户。大部分销售流程大家看一眼就会明白,想做好却没那么容易。如果不实践两三年,是无法做好的。

从图3-4可以看出,最上面的是客户购买流程,往下是解决方案销售流程步骤,再往下是销售流程里程碑可验证结果,最重要的是再往下的工作辅导工具。在不同的阶段,业务员要采用不同的工具完成销售,这要在销售流程上面有所体现。

**客户购买流程**

| 发展业务策略 确认采取行动 | 确认需求 | 评估可选方案 | 选择方案 | 解决问题 正式签约 | 执行与评估成功 |

**解决方案销售流程步骤**

| 区域 | 合格的潜在客户 | 合格的支持者 | 合格的权力支持者 | 决策定案 | 等候结案 | 成交 |

**销售流程里程碑和可验证结果**

分派区域

- 满足市场标准
- 建立初步联系

发现潜在支持者

- 支持者承认痛苦
- 支持者同意继续协商购买
- 支持者同意引荐权力支持者

在支持者信函中就上述事项达成一致

- 与权力支持者会面
- 权力支持者承认痛苦
- 权力支持者有具有价值的购买构想
- 提出评估计划

就评估计划达成一致

- 评估计划判定
- 提案前评审
- 请求业务
- 商讨提案

收到口头支持

就合同进行谈判

书面签约

**工作辅助工具**

- 关键人物表
- 痛苦链
- 业务发展提示卡
- 价值主张
- 创造焦虑
- 机会评估
- 竞争策略

- 九格构想
- 创建模型
- 痛苦表
- 客户拜访提示卡
- 支持者信函

- 九格构想创建模型
- 痛苦表
- 客户拜访提示卡
- 权力支持者信函

- 步骤完成信函
- 过度计划
- 痛苦表
- 价值验证/分析
- 成功标准
- 提案前审查

- 付出/得到清单
- 谈判工作表
- 立场

- 成功标准

**管理系统**

| 10% | 25% | 50% | 75% | 90% | 100% |

图3-4 销售流程图

再来看一下销售手册。我们公司的销售手册叫《长松宝典》，有的内容业务员要了解，有的内容业务员要牢记，有的内容业务员要实践并灵活运用。

我们的业务员到客户的公司了解情况后，专门有一个评单员对客户进行打分，打完分就知道客户能够在业务上花多少钱。如果分数只有50分，就没有开展业务的必要了，因为与这类客户对接，是没有结果的。如果分数在90分，就有利于业务的开展。这是我们通过大量的数据沉淀得到的结果。

我们也总结了一些抗拒客户的应对话术。这些话术背后都有工具，比如SPIN（Situation，情景性；Problem，探索性；Implication，暗示性；Need-payoff，解决性）、九宫格，大多数业务员都已掌握这些工具。业务员就可以根据客户的需求设计话术，和客户沟通。

## 有限公司中心制 / 扩张期

这个阶段的企业营收是十亿级的；管理的形态从控制型初步转向失控型；管理的机制是建立完善的薪酬、晋升、考核，比如可以设立总监职位；需要突破的核心是进行第一次扩张。见图3-5。

通过前面的内容，我们知道企业在第一阶段解决的是产品问题，在第二阶段解决的是营销问题。为了把产品和服务更好地提供给客户，企业就要成立营销团队。随着企业的发展，企业原有的产品竞争力会有些减弱，这是因为即使产品再好，也总会有一款产品替代它，就会导致业绩下滑，利润下滑，客户减少也就在所难免了。很多企业更换了产品，业绩就提升了，过了两年，又需要更换产品。表面上是产品出了问题，本质上是在营销环节出了问题。

| 管理铁军 |

产品和营销是企业的两条腿，二者缺一不可。有的企业产品很好，营销一般，企业效益差强人意。有的企业产品一般，营销很好，企业效益也不算差。当然有的企业产品不行，营销也不行，只能维持经营。为什么这些企业还在经营？通常这些企业的老板比较勤奋，从而掩盖了产品和营销的问题。

一条腿可以跳，两条腿可以奔跑，一条腿都没有，就只能爬。是不是产品好、营销好，企业就一定会发展良好？这样的看法并不全面，还要看企业的发动机——组织能力。

```
                           CEO  ←─────────────  财务部
          ┌─────────────────┼─────────────────┐
        销售中心           生产中心           行政中心
     ┌────┼────┐    ┌───┬───┬───┬───┬───┐  ┌───┬───┬───┐
    一战区 二战区 三战区 生产部 研发部 质检部 物流部 采购部 技术部 后勤部 行政部 人事部
     │    │    │    │    │
    销售  销售  销售  生产 研发一部
    一部  一部  一部  一部
     │    │         │
    销售  销售       生产
    二部  二部       二部
     │              │
    销售           副主题
    三部
```

销售部要设立三个及以上，解决营销人才出路问题，没人先空着，有位置才有人才，有位置就有希望

有限公司中心制/扩张期
▶ 量级：十亿级
▶ 管理的形态：由控制型管理向失控型转换（主要是营销团队的失控型管理）
▶ 老板的身份：既是所有者又是经营者，解决营销团队人才的出路
▶ 干部：最高级别总监
▶ 管理的机制：建立完善的薪、晋、考，并且具有一定的竞争力
▶ 管理的构架：老板＋营销团队 CEO＋财务
▶ 需要突破的核心：企业进行第一次扩张，建立多个销售部，进行独立核算

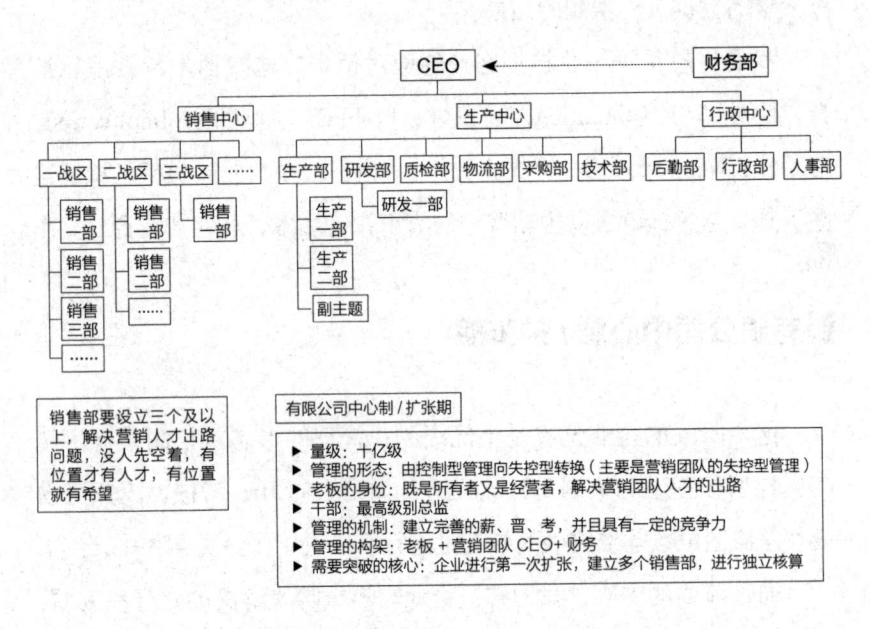

图 3-5　有限公司中心制/扩张期

## 1. 企业能力的三个层面

第一个层面是个人努力。凡是能活下来的个体户，通常个人能力比较强。最典型的是个体户老板，他们有产品，也有营销手段，可以通过自己的能力实现收益。

第二个层面是团队能力，即通过团队获得结果。团队能力可以减少一种风险：一旦关键人员离开团队，运用团队能力可以防止企业崩盘。尽管企业提升团队能力可以减少因某个关键人员的离开对企业产生的不利影响，却同样存在类似的风险：企业中某个团队的离开，也可能会影响企业的正常发展。比如，营销团队负责人带着整个营销团队到竞争对手那里。出现这类问题，企业该如何应对？企业如何杜绝或减少此类风险的发生？这就涉及企业能力的第三个层面组织能力了。

第三个层面是组织能力。组织能力和团队能力的区别在于，企业的发展不是靠一个人或某一个团队推动的，而是靠整个组织的机制推动的。即使有一个团队离开企业，哪怕是关键团队，也不会给企业造成致命伤害。

我们评价一家企业是否优秀，不能只看业绩的高低和资产的多少，还要看企业的组织能力是否过硬。一家企业具备较高的组织能力时，老板会越来越轻松，就有时间去思考企业的发展路径和发展战略。老板思考得越深，企业的发展战略就越清晰。为什么很多老板不去思考？因为他们没有时间，他们要面对企业的大事小情，忙得马不停蹄。我们公司的董事长贾长松，一年中有大半年的时间在思考，他想到一件事情，就和相关人士深入沟通，之后就有了一些思路，然后再接着思考。

现在有很多的企业，表面上经营了 5 年、10 年，实际上还是在原地踏步。当然现在有一部分企业已经上了发展的高速路口，剩下的任务就是全力奔跑。

## 2. 第一次扩张：解决营销人才的出路

有很多民营企业存在一个现象：一个业务员什么都不会，这时他会跟着企业走；一旦他业务熟练，就想自己单干。这就是企业没有解决好他的出路。如何解决这一问题？企业至少要设立销售部。

有的业务员业务能力很强，管理能力却一塌糊涂，不适合当干部。我们就可以安排一个职位，让他做明星经理。通俗地讲，他享有经理的权力和薪酬，却不用带团队。这是明星经理和普通经理的区别。企业的营销岗也可以设立明星岗。

很多管理者存在一个误区：一个部门就要有一个负责人。其实一个部门不一定要有负责人，也不一定只有一个负责人。比如，我们公司不但有明星经理，还有明星总监。这种人才业务精湛，却不懂管理，他们适合做业务，而不适合带团队。

大家要明白一个道理：他不会，不代表他不想；他想了，你不让他干，他就辞职了。比如公司有一个人业务能力超强，管理能力却一塌糊涂，可以让他到对业务能力要求较高，对管理能力要求较低的岗位，对他而言，这种安排就是机会、空间和希望。

企业为什么缺人才？因为没有相应的位置。有了位置才会有人才，如果没有合适的人选，位置可以暂时空缺。同样，一个门店也可以有两名店长。员工具备当店长的能力，并且达到店长的业绩，就有当店长的机会。

有限公司中心制的核心是扩张，需要建立多个销售部，销售之间进行独立核算。

## ▍事业部与分、子公司并行 / 平台期

这一阶段的企业将达到百亿量级，管理形态以失控型管理为主，管理机制是文化重塑。企业到了这一阶段，开始实现平台化运作，发展空间巨大，这导致有些企业的员工甚至没有见过老板——老板

在这一阶段在向后退。见图3-6。

老板要明白一个道理,向前进意味着给大家做榜样,向后退意味着给大家更多的位置和机会。进是一种勇气,退是一种智慧。一个人的退,代表着千万人的进,给千万人创造了机会。随着企业的发展和成长,老板要将权力下放,开始思考未来。如果老板的控制欲望极强,就不适合建设组织系统,企业可能做不大。随着组织系统的建设,老板的权力会被逐渐削弱,并且逐渐被制度、流程、机制、文化替代。老板最后离开江湖,江湖却有老板的传说,这是优秀老板最终的状态。

这个阶段的干部级别最高是部门总经理。比如销售部总经理、事业部总经理,下面可能还有销售一部总经理、销售二部总经理、事业一部总经理、事业二部总经理。

到了这个阶段,老板会发现企业内部人才济济,可想象空间也会比较大。国内一些知名企业,比如我们熟悉的小米、联想、海尔、美的、格力基本都是这种形态。企业可以网罗天下人才,为自己所用。

```
                              股东大会
                                 │
                    ┌────────────┴────────────┐
                  董事长                      监事
                    │
        ┌──────┬────┴────┬──────┐
       CEO              CTO    COO    财务中心
```

组织结构图（含以下部门）：
- 分子公司管理中心：北京分公司、广州分公司、深圳分公司、杭州分公司、郑州分公司……
- 招商中心：市场拓展部、代理商服务部
- 客服中心：客户信息部、客户服务部
- 网络中心：新媒体推广、网络销售部
- 事业部管理中心：事业部一部、事业部二部、项目部三部、项目部四部……
- 行政中心、人力资源部、服务部（营销专家）
- 总部财务部、分、子公司财务部、审计部

**事业部与分、子公司并行 / 平台期**

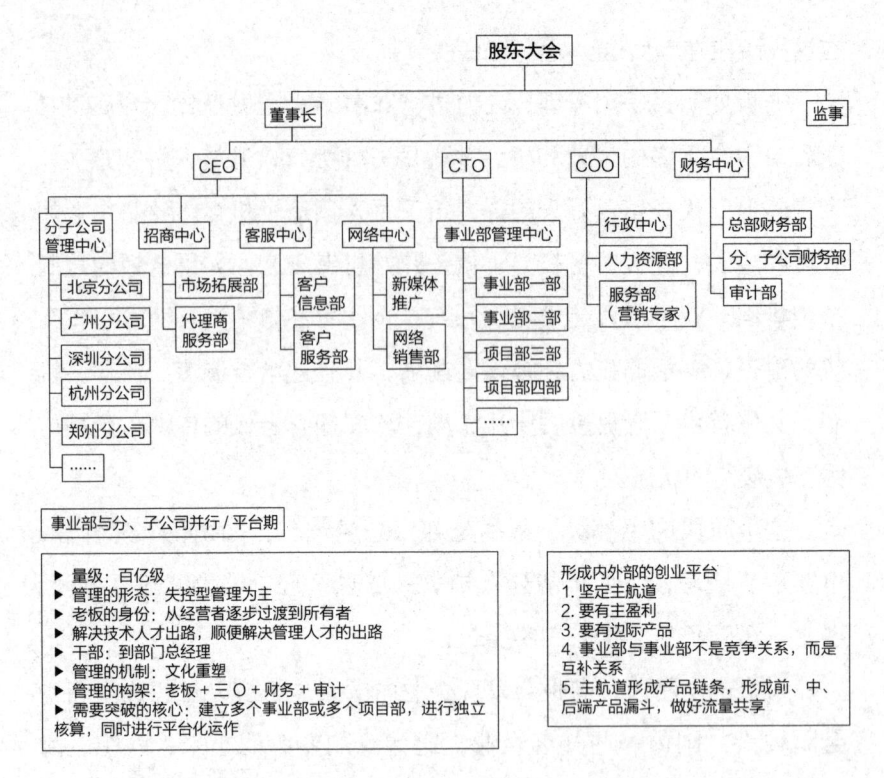

▶ 量级：百亿级
▶ 管理的形态：失控型管理为主
▶ 老板的身份：从经营者逐步过渡到所有者
▶ 解决技术人才出路，顺便解决管理人才的出路
▶ 干部：到部门总经理
▶ 管理的机制：文化重塑
▶ 管理的构架：老板 + 三O + 财务 + 审计
▶ 需要突破的核心：建立多个事业部或多个项目部，进行独立核算，同时进行平台化运作

形成内外部的创业平台
1. 坚定主航道
2. 要有主盈利
3. 要有边际产品
4. 事业部与事业部不是竞争关系，而是互补关系
5. 主航道形成产品链条，形成前、中、后端产品漏斗，做好流量共享

图 3-6　事业部与分、子公司并行 / 平台期

## 1. 第二次扩张：解决技术人才的出路及管理人才的出路

企业在这一阶段开始第二次扩张，核心是解决技术人才的出路，同时解决管理人才的出路。企业如果仅仅解决管理问题，没有解决技术问题，依然只有一条腿走路。

解决技术人才的出路是建立多个事业部。我们公司有组织事业部、财务事业部、阿米巴事业部、股权事业部、家庭事业部。另外，我们还有很多销售公司，比如成都分公司、北京分公司、上海分公司、南昌分公司、郑州分公司等分、子公司。这样，就能实现横向、纵向的扩张，可想象空间非常巨大。

假设有一位精通企业文化研究的专家，我们可以为他成立一个

企业文化事业部；有擅长讲授生产课程的人才，我们也可以把他引进过来，并且专门成立一个生产事业部。

不仅外部的专家有机会，企业内部员工也有巨大的发展空间。比如，我们的成都分公司计划扩张新的公司，成都分公司的副总具备总经理的能力，他就可以扩张并成立成都二公司。这样，我们就构建了一个平台——内外部的创业平台。

现在有很多人对创业的认知是错误的，认为只有单打独斗，自己当老板才是创业。他们认为，几个人在一起开一家公司，实现目标、积累财富，对社会做贡献，不是创业，而是打工，这种认知是错误的。有些人就转变了观念，和一群人一起创业。

小米是轻资产运营模式企业。比如，我是小米的员工，你是生产电风扇的厂商，我帮你在小米平台上销售，但是要贴小米的品牌，你的企业就等于为小米打工了。如果你的产品确实做得很好，小米就入股。凡是小米愿意进入的，企业就得有一些优势。

小米把利润控制在5%以内，单产品利润不能超过5%，这个利润不算高。5%~10%是中国民营企业利润的合理空间，如果你的管理水平提高，你的技术有一定优势，可能得到10%的利润，但不太可能大于15%。通过效率、人才、机制、流程、系统、标准，如果利润能在10%左右，你的企业将会在这个领域遥遥领先。企业要想活下来，就必须在流程、机制、成本、人才等方面下功夫。

日常的吃、穿、住、行等各种成本都在增加，企业的用工成本也在增加，但是员工的收入并没有增加。比如，企业给员工每个月涨薪10%，可能最终并未能装进员工的口袋，员工到手的工资还跟之前差不多。所以企业中，凡是能用机器人的，可能机器人将会成为一个主流。也就是说，你的工作，如果轻而易举地被机器人替代，那你将面临失业的风险。

我去过思科系统公司的总部。这家公司的办公大楼比较智能，只要有人经过，墙上的电视就会自动打开，出现前台的画面，前台会问访客是谁，有什么事情。所以我怀疑前台也可能是机器人。

我们现在接到的客服电话，很多时候都是机器人跟你在说话。我们公司有一段时间也尝试使用机器人。我们输入一些关键词，只要有人说话，机器人就会自动识别，然后回复。这是扩张可想象空间，这个架构能承载无数的人。

## 2. 控制型管理与失控型管理

第一，控制型管理。

老板成立一家公司，认为这家公司是他自己的。遇到合适的人才，这类老板的表达方式通常是"跟我干"。"跟我干"通常意味着老板兜底，要把钱分给公司高管，赚到钱要分，赚不到钱也要分。这种管理就是控制型管理。

第二，失控型管理。

与控制型管理对应的叫失控型管理。老板成立一家公司，却不认为这家公司是自己的，而是把它看作一个平台。为了让平台得到更好的运营，发挥更大的作用，他建立相应的机制，并且做到财务公开。

这类老板遇到人才的表达方式通常是"咱们两个人合作"。比如，他遇到营销人才，会说"咱俩合作吧"。于是公司成立销售部，这位营销人才担任销售部经理，至于具体的销售流程、团队怎么组建、用哪些人，都由他说了算；赚到的钱，老板要和他进行分配。

老板要提供平台和机制,并且做到财务公开。

老板遇到技术人才,成立事业部,由技术人才当负责人,产品怎么研发,具体的产品流程有哪些,产品结构怎么设计,需要哪些技术人才,都由技术人才说了算。机制是统一的,财务是公开的。老板提供平台,挣到钱之后再分钱。

如果老板遇到另一个销售人才,就把他招揽过来,成立销售二部;见到另一个技术人才,将其招揽到公司,成立事业二部。这样企业就逐渐形成平台化。即使有一个销售部或事业部全部离开公司,也不会对公司造成致命性的伤害。这就是组织系统的能力。

企业发展到这个阶段,才具备组织能力的雏形。这个想象空间就更大了,这种管理叫失控型管理。失控并不是失去控制,而是做了有效放权,责任下沉,从而实现管理自循环。

尽管第三阶段也涉及失控,但只是营销部的失控,老板不能在第三阶段对营销进行过多的干涉。当成立三个销售部之后,如果还需要成立营销部,就让其自发地裂变,老板要开始往后撤。到了第四阶段,老板不但在营销上要往后撤,在生产上也往后撤,要给大家广阔、自由的发挥空间。

## 集团公司制 / 产业链期

老板有自己的主业,挣到一些钱,形成了原始积累,进而开始扩张。比如,有的老板开始投资房地产、小额担保公司、养生会所、餐饮等领域;如果扩张后的企业都形成一定的规模,老板又想成立集团公司。根据法律规定,企业集团的母公司至少拥有5家控股子公司,并且注册资本也要符合法律要求。但是,从经营角度来看,5家毫无关联的公司放在一起不叫集团公司,只能叫"大杂烩"。见图3-7。

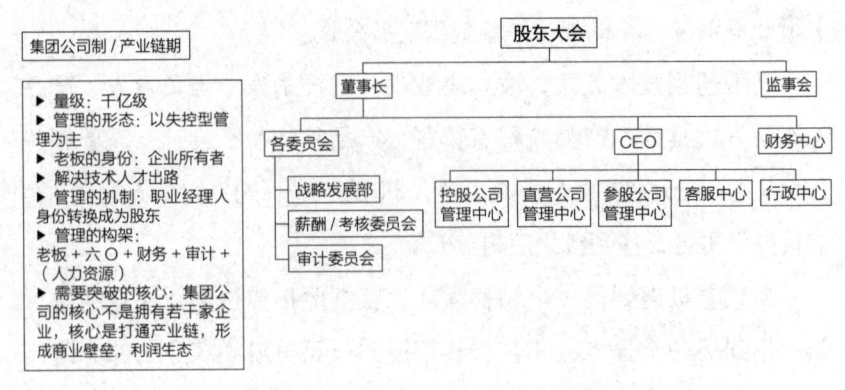

```
集团公司制／产业链期

▶ 量级：千亿级
▶ 管理的形态：以失控型管
  理为主
▶ 老板的身份：企业所有者
▶ 解决技术人才出路
▶ 管理的机制：职业经理人
  身份转换成为股东
▶ 管理的构架：
  老板＋六O＋财务＋审计＋
  （人力资源）
▶ 需要突破的核心：集团公
  司的核心不是拥有若干家企
  业，核心是打通产业链，形
  成商业壁垒，利润生态
```

```
                    股东大会
                       │
        ┌──────────────┼──────────────┐
        │                             │
       董事长                        监事会
        │
    ┌───┼───┐
    │       │
  各委员会   CEO ──────────── 财务中心
    │       │
  战略发展部 ┌──┬──┬──┬──┐
    │    控股公司 直营公司 参股公司 客服中心 行政中心
  薪酬／   管理中心 管理中心 管理中心
  考核委员会
    │
  审计委员会
```

图3-7　集团公司制／产业链期

比如主业发展到第四阶段，房地产、小额担保公司都发展到第二阶段，很难做到第三阶段。我们发现，许多集团公司在行业里并不能占据龙头地位，根本没有获得行业里的最高利润空间。它们表面看起来是集团公司，本质上是"大杂烩"。这种集团公司是存在问题的。

很多处在第二个阶段的老板很喜欢这样做，个别处在第三个阶段的老板也会这样做。但是处在第四个阶段的老板一般情况下不会这样做。处在第二、三阶段老板愿意这样做的原因在于，他们心目中有一个理念——"鸡蛋不能放到同一个篮子里"。其实鸡蛋放在哪里并不是关键因素，关键在于鸡蛋能不能孵出鸡仔。

我会问这样做的老板："你的主产业是什么？你的主产业有没有进入行业的第一集团军？"凡是回答"没有"的，我就会告诉他："留下主产业，剩下的全部撤掉。"我们的时间是有限的，能专注把一件事做到极致就很了不起了。

一位老板听了我的课，发现他的公司号称集团公司，其实就是个体户。他有3家药店，一年的销售额度是2亿元，因为他这3家药店开在了3家医院里面。他还有3家中医养生会所,以及 1800 亩地。其中 900 亩地用来种中药材,900 亩地准备做养老地产。此外,他还有建学校的想法。

我们来分析一下这位老板的产业。药店的利润没有问题,肯定是通过人脉获得的。如果这时有一家大型医药连锁公司就在他家门口开店,他肯定会受影响。这 3 家店他也不一定能掌控,如果能掌控,那就不应该是 3 家了,可能是 50 家,甚至更多。如果这位老板想要 50 家药店,他靠的就不只是关系,而是系统。也就是说,他想让公司发展壮大,必须懂得经营,而不是靠关系。

中医养生会所的利润可能一般,但是发展前景比较好。和药店不同,中医养生会所要想发展得好,就要靠经营,而不是依靠关系。

我们再来看中药材种植。中药材种植的利润起初会比较可观,如果有人看见你挣到钱了,可能会在你的药材基地附近方圆十几公里也种药材。这样,你获得的利润就减少了。

至于养老地产是否值得投资,我是这样认为的:据我了解,到目前为止,养老地产几乎没有赚钱的。尽管国家会给予一定的补贴,但养老行业属于非营利性机构,不会有很高的利润。

学校的利润不会很高,但是其发展前景会比较好。

如果让我撤掉其中一个的话,我要撤掉药店,并且建议老板在中医养生会所和学校之间留下学校。

为什么药店要抓紧时间处理?因为越早卖给上市公司,溢价越高。1800 亩地也要抓紧时间转手,尽量变现。留下学校的原因是,企业老板不能只考虑公司三五年的发展,还要考虑公司的可持续发展,甚至下一代的发展。

药店、中医养身会所很难发展到下一代;1800 亩地开发完就没有了,如果想继续开发,要么有关系,要么有系统;学校的利润不像房地产、药店那么高，但它胜在稳定，并且造福社会，也可以传给下一代。

评价一家企业的健康度的标准主要有两个：一个是利润，一个是发展。发展既要看是否符合社会趋势，也要看这一趋势你能掌控多少。这是一种非常好的思维。有的产业趋势发展很好，但是你掌控不了，你也干不了。所以，集团公司的核心不在于有多少家公司，而是你能否打通产业链，做到人才聚合、资本聚合、资源聚合、客户聚合以及知识体系聚合。

## 投资集团公司制／资本期

投资集团公司制的核心不在于买卖产品，而在于买卖公司。见图3-8。

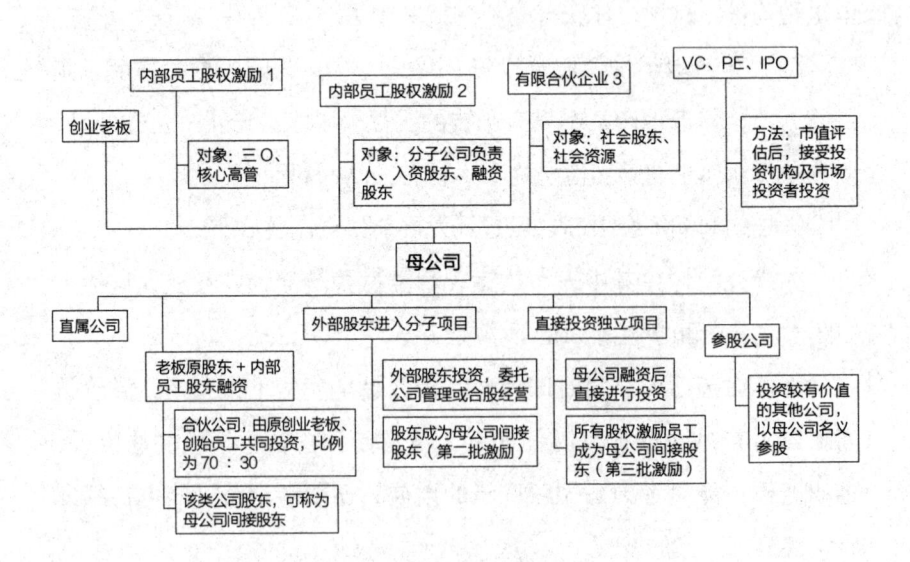

图3-8 投资集团公司制／资本期

如果企业在第一阶段，老板什么都不用考虑，日子也能过得不错。当企业在第二阶段时，老板就必须考虑到第四阶段，解决营销人才、技术人才和管理人才的出路问题。如果老板不加以考虑，企业很有可能陷入恶性循环。

你的公司能否发展到第三阶段，既不取决于公司有多少销售部，也不取决于有多少门店，而取决于你是否做了失控型管理，是往前冲还是往后退，以及有没有进行独立核算。如果这两项都没有做，门店却有很高的销售业绩，就证明你的公司一步跨到第三阶段了，但是还没有完全进第三阶段。

当然，如果你的公司正处在第四阶段，也不一定要跑到第五阶段。如果你的公司在第四阶段，并且技术领先、销量高，就是有优势的，可以暂时不用到第五阶段。如果公司总是被别人卡着脖子，就一定要发展到第五阶段。

那些所谓在第五阶段的集团公司，有80%都是假集团公司。它们在法律上是集团公司，从经营上看并不是集团公司。真正的集团公司并不是看一共有多少家公司，而是看是否打通了产业链。产业链没有打通，都不能称作真正的集团公司。只有把产业链打通，才可以横向扩张，进入新的领域、新的产业。

有人可以跨行业，尽管知识体系不同，但是他打通了产业链，具备运作产业链的能力，并且有足够的耐心、实力和精力尝试。老板要想跨行业，到第五阶段以后才能实行。

第六阶段，是老板的最终目的——实现资本运作。大家也能发现，有许多经营良好的企业在第六阶段时都开始了资本运作。

从上一个阶段发展到下一个阶段，会增加10倍的量级。一旦进入下一个阶段，即使遇到困难，也不要轻易地回到上一个阶段，因为可能不仅仅减少10倍的量级，也有可能是100倍的量级，甚至归零。

**企业量级决定人才量级。** 企业有高量级，才有高级人才，企业量级决定企业能够吸引什么量级的人才。比如，你把企业做到第五阶段，适合第五阶段的企业的人才就会来；企业处在第四阶段，适合第四阶段的人就会来；企业在第三阶段，适合第三阶段的人就会来。需要注意的是最多高一个级别，或者低一个级别，如果跨度太大，就没有人愿意加入。所以企业量级决定人才量级。

企业从第三阶段发展到第四阶段的时，要调整企业的人员构成，学会留住人才。有些在第三阶段企业工作的人也适合在第四阶段水平的企业工作，他们也准备再上一级。但是，也有一些人暂时不具备在第四阶段工作的能力，即使给他们机会让他们学习，他们也无法成长，无法满足企业的发展需求，就会被淘汰。一个员工被淘汰并不是老板的主观意愿，而是和企业的发展阶段和流程有关。老板不要责怪自己，不是你不给他机会，而是他自己不愿意学习，不愿意成长，也不愿意担责，这样的人必然会被淘汰。在第三阶段，给他收入，给他成长，给他机会，但是他的能力只能到第三阶段，到不了第四阶段。企业要想进一步发展，不能因为一个人就放弃发展，这样的企业也留不住其他人才。

为什么很多企业在第二阶段就形成恶性循环：营销人才、技术人才、管理者都看不到希望，只有老板能看到希望。一旦员工离职，老板就抱怨他们不懂感恩，却不思考员工离职的真正原因——员工有更大追求，老板却满足不了，员工只好离职，才能寻求更加广阔的发展空间。老板每次招到新员工就会看到希望，有人离职老板也会失望甚至绝望。有的老板会说离职的员工就是背叛者。然而员工不辞职，企业就无法满足他的追求和梦想。

处在第一阶段的企业，不适合用第五阶段的人才。处在第五阶段的企业做业务，基本是别人找你，你找别人的机会很少。在前面几个阶段，都是你去找客户。

所以说，企业现在哪个阶段不重要，重要的是能发展到哪个阶段，老板的认知要达到一定的高度。努力固然很重要，但是方向比努力更重要。假如你很努力，但方向错了，离成功就越来越远了。

# 经营企业就是经营关键人才

## ▎提高客户满意度需要关键人才

我们经营企业的第一要务是赚钱，要赚钱就要有良好的企业财务指标，因为企业的经营状况最终会体现在财务指标上。比如销售额、净利润、资产周转率等是财务指标。一家企业的财务指标主要是由客户贡献的，哪怕销售人员再多，没有客户也不行。客户不但要数量多，还要能重复消费。要保证客户数量和客户重复消费，企业就必须保证客户的满意度。

企业提高客户的满意度要靠流程。流程分为外部流程和内部流程。外部流程通常强调业务流程，内部流程通常强调管理流程；业务流程通常强调标准，管理流程通常强调机制和游戏规则。有些企业的业务流程做得非常好，但管理流程缺失，容易导致机制问题的出现。提高客户满意度离不开流程，支撑流程的则是团队，并且该团队愿意学习、乐于接受成长。

如果一家企业抵御风险能力较弱，可以几家企业进行并购。这个想法固然好，但是能否成功，不能仅仅看利益的取舍，还要看格局。格局是指并购企业的过程中是否存在一个非常强势的文化和执行。有着非常强势的文化和执行，并购才会成功。如果是三足鼎立或者两强相遇，会阻碍并购的成功。但强势并不代表个人强势，而是代表文化的强势和执行的强势。

企业并购对每个人的格局都是一个巨大的挑战，这不仅仅是利益分配的问题。企业融合不是一件简单的事情，如果有一个强势的力量站出来，我认为做成这件事就相对容易一些。如果没有出现强势力量，就有可能出现问题。

## 如何经营关键人才

关键人才支撑团队。如果其中有一个人离开团队，团队就解散了，那么这个人就是团队中的关键人才。经营企业的核心是经营关键人才。一家企业有没有前途，要看关键人才。关键人才强，企业就强；关键人才弱，企业就弱；关键人才离开了，企业也会出问题。

一家企业要想经营下去，先要解决老板的资源问题，其次要解决企业原始团队的问题，也就是核心关键人才。没有核心关键人才，这家企业肯定会出问题。经营企业的本质就是经营关键人才，并购也是如此。有了强势文化和关键人才，并购也会变得相对容易。

为什么有的老板挣了1亿元还在不停地工作，不停地赚钱？我们发现，企业做大后，不一定是奔着钱去的。普通的企业以挣钱为目的，优秀的企业则具有更高的追求，对于企业老板来讲，这种追求就是一种责任和使命。

我想告诉大家："凡是把挣钱当作唯一目的的企业，发展会越来越艰难；凡是以成就人才和实现价值为导向的企业，会迎来新的发展机遇和空间。"企业追求利润最大化没有错，其实就是股东价值最大化。要为企业着想，要为企业利润着想，其实就是让股东价值最大化。

| 管理铁军 |

要想实现股东价值最大化，就必须解决以下几个问题：

一是员工价值最大化，即员工在企业能不能实现价值，有没有追求；

二是客户价值最大化，即要让客户得到实惠，得到性价比更高的产品或服务；

三是做到行业价值最大化，即企业对行业发展要有帮助，对行业有帮助的企业才有资格进入行业第一集团；

四是社会价值最大化。经营企业不能只看是否能够盈利，还要考虑上述四个价值，这就是价值经营回归。老板要想经营一家伟大的企业，需要看企业对行业及社会是否有贡献。我们经营企业把这个逻辑弄清楚，管理起来就会比较轻松，此外企业考核也和这几个方向有关。这也是企业的战略地图。

财务目标要实现最大化，就要实现四个价值的最大化；四个价值实现了最大化，也就意味着股东价值实现了最大化。同样，要想做到股东价值最大化，就必须向客户提供满意的服务，满足客户价值，追求客户价值最大化。这时我们用流程服务客户，建立内部流程和外部流程，逐步建立学习成长型的团队。所以，经营企业就是在经营关键人才。

# 人才是怎么来的

如果让不具备歌唱能力的普通人参加"中国好声音",能否取得好名次?我想他们是很难取得好名次的。原因在于大部分"苗子"选错了。企业选择人才的第一步就是找苗子。

优秀的管理者总是千方百计地找合适的人;而普通的管理者总想改变他人,甚至改造他人。管理者不要试图去改变别人,而是要找合适的人才。

人才究竟是怎么来的?其实是你发现他具有某种潜力,就把他引到团队,给他机会,让他把自己"折磨"成人才的。成为人才的关键是内因,如果只依靠外部力量培养人才,难度太大。真正的人才都是自己折腾自己。

怎么样判断对方是不是好苗子?我们通过图3-9,看看苗子应具备哪些必备条件,我们如何做人才选择。

| 选苗子 | 显性用人（领导人），隐性用人（接班人、项目人），PK用人（业绩岗），晋升用人（操盘手），考试用人（技术者）

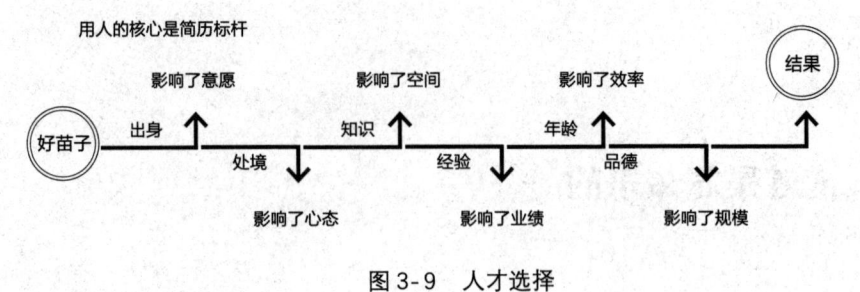

用人的核心是简历标杆

```
                 影响了意愿         影响了空间         影响了效率         结果
        出身  ↑              知识  ↑              年龄  ↑              ↑
好苗子 ─┤               ─┤               ─┤               ─┤
        处境  ↓              经验  ↓              品德  ↓
                 影响了心态         影响了业绩         影响了规模
```

图 3-9　人才选择

## 出身

这里的出身主要有两层意思。

第一层：来自哪种家庭。比如，来自有良好教育氛围的家庭，还是教育氛围不足的家庭？

第二层：所学专业及掌握的知识体系。所学的专业是什么？从小到大获得了哪些知识，是否形成了知识体系？所学专业和知识体系对从事的工作会起到重要影响。

出身决定了意愿。不管是营销人员、技术人员还是高管，意愿是一切的开始。

## 处境

处境指当下的环境。处境影响一个人的心态。比如，在成功和绝境两种处境中，一个人的心态肯定不同。面对成功，他的心态会更加积极；身陷绝境，他可能会背水一战，绝地反击。

处境不同，对工作的渴求程度也是不一样的。

## 知识

这里指的是我们要具备的知识体系。知识体系决定了发展空间。公司越发展强大，对团队的综合素质要求也就越高。这就需要员工具备相应的知识基础和体系。

## 经验

经验是对过去的盘点，是一个人做过什么事情的证明。经验影响业绩，需要不断总结、更新经验，通过经验提升自己的业绩。

## 年龄

年龄影响效率。人的一生有最佳效率期，岗位也有，所以不同岗位要确定年龄标准。

## 品德

品德是一个人的品行，是为人处世的根本。在企业中，无论是普通员工还是高层管理者，都要重视良好品德的培养与塑造，从而帮助企业树立良好的形象。良好的企业形象是一笔宝贵的无形资产，帮助企业在激烈的市场竞争中取得一定的优势。

# 企业用人的常见方法

## 显性用人

显性用人是对于公司的干部而言的。这里要明确告诉大家，用心工作未来有机会升到总经理或副总经理。大家的晋升标准是相同的，只要符合标准就可以晋升。所以，显性用人也叫公开用人。

## 隐性用人

隐性用人针对的是某个职位的接班人。如果在考察期间，有人告诉大家由某人来接班，其他的潜在竞争者或相关利益人就会以为，既然已有接班人了，他们也就不用认真工作了。所以，隐性用人一般不公开。

## PK 用人

PK 用人，也叫"赛马不相马"。你认为你自己有能力，可以用事实和结果说话。比如，通过和他人进行 PK 来证明你自己的能力。

## 考试用人

考试用人主要应用于企业中需要解决技术问题的岗位。考试题目、考试流程、评分标准都是固定的,通过考试选拔人才,也能保证公平。

# 企业需要过的关

通常情况下，企业有几关需要过。

## ▎营销关

营销是企业通过发现或挖掘客户需求，将自己的产品或服务销售给客户的一种手段。换句话说，营销就是要解决流量的问题。

要想顺利闯过营销这一关，企业必须认真思考并解决几个问题：如何发现客户？如何吸引客户？如何大量、长期、稳定地拥有客户？

## ▎产品关

产品和技术是两个思路完全不同的概念。很多企业的老板和管理者包括一些技术人员在内，都沉浸在自己的技术之中，对产品本身的理解却不够充分和深入，这是需要加强的。产品关主要解决企业的竞争力问题。

# 人才关

批量生产人才，又叫批量复制人才。批量生产人才要看企业是否具有一套人才培养体系，能否做到批量生产人才。这对许多民营企业来说是一个挑战。

### 1. 企业需要的关键人才

帮助企业提升业绩的人才。

帮助企业提升技术和产品升级的人才。

帮助企业实行规范化管理的人才。

帮助企业引领国际化的人才。

帮助企业进行资本运作的人才。

### 2. 团队组建需要的人才

第一，国内国际技术专家。

引进这些人的目的，是引进先进的技术，生产有竞争力的产品。引进国内、国际技术专家都是为了在产品、技术上有所建树。

第二，具有执行力的人。

引进具有执行力人的目的在于，学习他们的执行精神和执行能力。

第三，具有培养价值的新人。

这些人主要指大学刚刚毕业的新人。目的是通过培养他们，让他们成为公司未来的中流砥柱。

第四，竞争对手的中坚力量。

这类人指的是竞争对手部门经理级别以上的关键人才。为什么企业要引进这类人？因为他们了解原公司的文化、机制等内容，有助于我们学习优秀企业的管理理念和流程。竞争对手和我们竞争同一个市场，真正的竞争对手是值得我们学习的。

## 管理规范关

管理规范就是该建机制建机制，该建流程建流程，该做好财务风险管控就做好财务风险管控。

## 资本关

当企业做到资本关的时候，资本通常就会找上来。发展好一些的企业一般在第四关时，资本就可能会找上门来，到第五关的时候，资本找来的概率极大。此时企业要么上市，并购别人，要么被别人并购。

## 国际化关

国际化是未来的趋势，任何人都不能阻挡。中国的全产业中存在短板，并非所有的产业都很过硬。所以今天我们的企业产品不仅仅要对标中国企业的标准，也要对标国际化标准，这样我们才有机会生存。

# 人才引进的原则

## ▍少引进战略型人才，多引进执行型人才

很多企业具有长远的规划，也明确了合理的战略方向，然而企业的业绩仍发展却不理想。原因之一是企业的战略不能落地执行，战略即使再合理、再科学，没有人去执行落地，也只是空中楼阁。所以企业要引进执行型人才，促进企业战略有效落地执行。

## ▍管理者需自我培养，技术人才需挖掘

我们自己要学会判断，管理人员是从内部培养还是从外部"挖"，要视岗位类型而定。营销总监、行政总监、总经理以内部培养为主；财务总监、生产厂长培养周期过长，可以从外部招聘人才。

比如，我们公司的专家超过150人，内部培养的只有两个，其他专家全是从别的地方聘请的。从公司成立的第一天起，我们就没有放弃过培养技术人才。然而现实和理想总是存在差距，十几年了才出了两个。我们最初认为一些人是好苗子，理论层面讲得头头是道，但是遇到实际问题他们就不知所措了。

## ▎引进和企业匹配的人才

尽管老板都喜欢有能力的人，但是在用人方面，要选择能力和企业相匹配的人才。

匹配主要是几个方面的匹配：文化匹配、岗位要求和个人能力匹配、岗位支出和个人需求匹配。

如果我们是知名一线大企业，就会选择第一档最优秀的人。但如果我们还处于企业发展的第二阶段，即使把优秀的人招进来，他可能也不会全力以赴。大多数中小民营企业，还没发展到最高阶段。

比如我们公司要招一个财务经理，有几十个应聘者。我们把他们分为五档，第五档是最优秀的。我们首选不要第五档的，因为他们的能力太强，一旦加入我们公司，他只付出 50% 的能力，这是浪费人才。第三档、第四档的，他们的能力也比较强，可能与公司的需求不匹配。我们一般选择第二档的，第二档的人正好和老板、公司的需求相匹配。第二档的人正好很努力，正好能做到，并且还有成长空间。

## ▎有驱动力的人才

有驱动力的人，就是有熊熊烈火般的热情和追求的人。

驱动力分为外驱动力和内驱动力。外驱动力指的是外在条件，比如衣食住行。内驱动力指的就是使命、责任和爱。

基层员工更需要的是外驱动力，高层需要的是内驱动力。跟基层员工不能随便谈使命和责任，要谈利益；和中层要谈机会，即未来成长的机会、学习的机会、收入的机会、竞争的机会；和高层要谈使命，谈公司的长远发展。

假设新招聘的高管在原公司的年收入为 100 万元，我们应该怎样和他谈？我们告诉他，30 万元底薪 + 期权。如果干得好，收入有可能为 200 万元，甚至更高；如果干得不好，就只有 30 万元的底薪。如果他愿意接受期权，则证明他很看好公司的发展；如果他不接受，证明他不看好公司的发展，对公司缺乏信心。

## 认可公司的人才

大家必须明白，一定要招对公司认可的人才，即认可公司的文化、价值观的人。只有认可公司，他们才愿意跟随公司一起发展，才能做到劲往一处使，才能形成凝聚力。

## 招聘操作细节

### ▎介绍公司

有人来公司面试，第一步，我们要向对方介绍公司。虽然我们公司在当地影响力大，但不一定所有人都了解我们公司。

在我们做完介绍后，对方通常出现两种反应。

第一，我们在介绍公司的时，对方表现得漫不经心。这个人肯定不是我们想要的，因为他看不上我们公司。

第二，我们在介绍公司时，对方的肢体发生一些变化，比如两眼放光，不时地点头表示认同。我们一讲完，对方就表示："我非常想加入你们。"这种人很大程度上是认可我们的，也很有可能是我们要找的人。

### ▎一般需要三个面试官

我们公司面试一个应聘者，一般情况下需要三个面试官。这主要取决于三个方面。

一是人力资源。人力资源的任务是进行专业测评，给出分析报告。

二是用人部门管理者。管理者的任务是评价自己岗位的要求和应聘者的个人能力是否相匹配，这些是人力资源做不到的。比如，让人力资源去面试一个软件工程师，他不理解应聘者说的编程语言、系统架构等专业内容，即使应聘者说错了，他也不会察觉。

三是上级的上级。这个上级的上级是考察应聘者未来的成长性的。

三个面试官分别站在不同的角度，看待和评价一个人，相对客观一些。这三个人是可以临时组成的。

## 面试的形式

应聘者面试的岗位不同，公司对他们的定位也就不同，技能要求也不同，所以面试的形式也要适当改变。

比如，我们公司准备招聘一个前台，可以安排一次面试，而不是多次面试。如果有五个人应聘前台，我们可以让他们一起面试，并进行对比，选出合适的人选。在面试前，我们可以明确地告诉他们，五个人之中只能录用一个人。他们也可以充分表现自己。如果今天有一个应聘者面试，明天又有一个应聘者面试，过几天还有一个应聘者来面试，我们就无法提高效率。

如果我们面试研发技术岗位或者总经理岗位，最少要有五个候选人，最好是七个人为一组，否则面试氛围和结果会大打折扣。我们可以给他们出一道题目，采用无领导小组的形式对他们进行面试。在他们讨论时，我们就在旁边观察，把他们的一切行为都观察清楚，从中确定候选人。

## 人才市场如何做招聘

我发现许多面试官在人才市场面试应聘者时问了好多废话。很多面试官拿着别人的简历问："你叫什么名字？你家在哪里？在上一家单位做什么工作？"看到有工作经验的应聘者就问："你忠诚吗？你离职的原因是什么？"应聘者能回答自己不忠诚吗？在离职之前他就已经想好了离职原因。面试官要知道，很少有人会透露他离职的真实原因。

假如我是一个应聘者，我问面试官："我到你们公司能干什么？"很多面试官一时都无法回答，其实这时候面试官可以拿着公司简介、组织架构图，给应聘者看招聘岗位的工作分析。如果应聘者问："公司如何判断员工工作的好坏？是否有合理的评判标准？"面试官就要告诉应聘者公司具有较为完备的绩效考核标准，这是一项较为合理的判断标准。应聘者问："我到咱们公司一个月能挣多少钱？"面试官要拿出公司的薪酬结构为应聘者讲解。应聘者再问："咱们公司未来有没有发展？"面试官要拿出培训和职业生涯规划。

这样做的好处是，让应聘者感受到公司的正规化、系统化。

### 1. 至少去六个人

公司去人才市场招聘，一般至少要去六个人。这六个人是这样分工的：两个人在招聘展位负责面试，四个人在会场负责找合适的应聘者。

如果你的公司刚成立，只有一个人到招聘市场进行招聘，只要有人拿着简历过来，你就尽可能地直接录用他。因为你现在是光杆司令，迫切需要人才，如果有人来应聘，说明他对公司是有意向的。

我们公司的第一家分公司是广州分公司。广州分公司的第一次招聘，我在现场就是这样指挥的。一个小姑娘拿着简历问我："你们公司招财务吗？"我说："招啊。"她赶紧把简历递过来，我看了一下她的简历，告诉她："你被录用了。"她说："这么快？是真的吗？"我说："我看人很准的，你也符合我们公司的要求。"我录用她的主要原因是公司缺少人手。既然她愿意工作，我为什么不给她一个机会呢？

### 2. 觉得合适，立即复试

如果我们在面试中认为某个应聘者适合公司，什么时候对他进行复试？下午还是第二天？我的建议是立刻。这样做的好处是对方有较大的概率入职我们公司，从而避免人才流失。建议面试时间最长不超过三分钟。

### 3. 复试后的工作

人才市场是收集信息的地方，我们要将信息收集做到最大化，把招聘单位作为重点关注对象。面试结束后如果认为应聘者符合公司要求，就应尽快向其发出入职通知。

## 做好招聘说明会

我们公司有一套招聘说明会内容的模板，通常我会在公司前期的总经理培训会上用两天的时间做招聘说明会的专业培训。招聘说明会一般要讲授以下内容。

第一，行业，包含行业发展前景，企业在行业所处的位置。

第二，企业，包含企业三到五年的战略规划及组织架构、主营业务、企业文化及价值观、企业大纪事、企业荣誉。

第三，产品，包括使用产品前后的对比、产品的竞争优势、产品卖点、客户购买的理由。

第四，客户，搜集客户案例，用图片、视频、文字形式呈现。

第五，团队，包括团队精神、用人理念。

第六，领袖，即公司的大领导，领袖的使命和特质，让大家了解其为人处世风格。

第七，机会，包含学习成长的机会、晋升的机会、增加收入的机会。

招聘说明会的演讲者主要传递三个信息：源源不断的工作、很大的上升空间和赚不完的钱。演讲者要有激情，能够调动现场气氛，用饱满的热情向听众传递信息。

以上七条内容要信手拈来。我们公司要求总监以上的人都会讲，如果连这些都不会讲，根本到不了总监的位置。我现在听营销总监讲招聘说明会，有时还有想当业务员的冲动。

其实招聘就是一场营销，一次吸引，一个价值重塑的过程。如果一个人来到我们公司，和公司的认知、价值观达成一致，我们的招聘就成功了。

在运用招聘说明会时，我们要做到以下几点：

第一，各部门负责收集提供素材；

第二，人力资源部整理素材并制作PPT；

第三，人力资源部讲解并示范；

第四，招聘前一天，讲解人员实现讲解招聘说明会通关。

# 第四章

# 铁军绩效考核与辅导

绩效考核的真正目的是,在达成目标的过程中,不断修正员工的行为和方向。具体来说,绩效考核的目的分为三点:实现公司、部门、个人的目标,提升个人能力,挑战业绩极限。

绩效管理共有十个步骤:梳理公司目标;量化工作内容,形成工作分析表;从工作分析表中找出关键项;把关键项转化为考核指标;制作绩效考核表;人力资源部修订、审核绩效考核表;确认并签字;绩效辅导;评估改进;绩效考核结果的转换。

# 绩效管理流程

## 常见的绩效考核方法

绩效管理理论来自西方，经过长期发展，历经若干阶段。我们将常见的绩效考核方法、操作流程及运用情况进行归纳、总结。见表4-1。

表4-1　常见的绩效考核方法、操作流程及运用情况

| 序号 | 考核方法 | 操作流程 | 运用情况 |
| --- | --- | --- | --- |
| 1 | 描述性考核 | 对关键节点、关键行为进行笼统考核，标准说明比较模糊 | 企业初创，管理不规范，具有考核意识，缺少具体办法，考核标准没有量化 |
| 2 | 单一指标法 | 偏重追求结果，只考核某一个单一指标 | 企业起步阶段，或单纯营销、生产类公司，一般只有业绩达成指标 |
| 3 | KPI（Key Performance Indicator，关键绩效指标）考核 | 根据公司战略需要，事先对不同岗位或人员确定若干考核指标，加以考核 | 简单、高效，符合中小企业实际情况，是民营企业常用的考核方法 |
| 4 | BSC（Balanced Score Card，平衡计分卡）考核 | 从财务、流程、客户满意度、学习成长4个维度，对组织及岗位进行均衡性考核 | 适合管理成熟度高、员工素质高、业绩增长相对稳定的企业 |
| 5 | 360度考核法（评价维度多元化4个及以上） | 从上级、下级、同级、客户等多维度进行评估，需借助信息化管理手段进行全维度考核 | 较大外资企业常采用的考核方法，国内成功经验很少 |
| 6 | EVA（Economic Value Added，经济增加值）考核 | 考核职业经理人经济增加值（EVA）完成情况 | 国外成熟企业应用较多，近些年国内上市央企也开始推行这一考核方法 |
| 7 | OKR（Objectives and Key Results，目标与关键成果法）考核 | 目标O+KR关键成果 | 适合高新技术类企业 |

## ▎绩效考核的目的

绩效考核并不是简单地涨工资、扣工资，其本质是在达成目标的过程中不断修正员工的行为和方向。

绩效考核也是我们对过去工作的盘点与总结，让员工在奋斗的过程中目标更加清晰，少走弯路。评价一家公司，不能只是看其管理水平有多高、执行力有多高，还要看它是否有体现经营层面的数据。

为什么一些企业一到绩效考核环节就出问题？主要原因在于其没有弄清绩效考核的真正目的。他们总是认为员工不好管理，就要用绩效考核激励员工。但是实际情况并非如此。绩效考核是站在当下，面向未来，对过去一段时间的评价，其核心是修正。

对于员工来说，其胜任力要与薪酬和晋升相联系。因此，绩效考核的目的有三个。

一是保证完成公司、部门、个人的年度、季度、月度目标；二是提升员工的岗位胜任能力，即通过绩效考核发现他在岗位上哪些地方做得好，哪些地方做得不好；三是挑战业绩的极限，即员工能否再有所突破或提升。当然，挑战业绩极限除了个人层面之外，还包括部门层面，甚至公司层面。

## ▎绩效考核的主体

绩效考核的主体，也就是谁来做考核。

我们要明确一点，绩效考核不是人力资源部一个部门的事情，而是以人力资源部为纽带，总经理挂帅，由被考核者的直接上级进行的。

比如，生产类的员工由他们的直接上级考核，而不是人力资源部来考核；业务员也是由他们的直接上级考核，并不是人力资源部考核；副总经理级别的，由总经理来考核；总经理则由董事长来考核；人力资源部干事由人力资源部经理来考核。人力资源部只是起到纽带的作用——如果你不懂绩效考核规则，人力资源部讲给你听；不懂如何对绩效考核明细打分，人力资源部会指导你，并且帮你分析。所以考核这件事，不是人力资源部一个部门的事。比如，你的部门有一个软件工程师，如果让人力资源部考核他编程用的什么语言，人力资源部大概率是不懂的，没办法考核。所以，考核是各部门员工直属上级领导的事。

总经理挂帅的原因是绩效考核会涉及人的利益，如果仅仅让人力资源部门改革公司的薪酬和绩效，是很难推动的。

真正的改革应该是老板站在最前面，动员大家："公司发展到今天，只有改革才是出路。我们不能因为个别人不进步、不参与，就停止公司的发展。改革由我担任主导，如果你们有什么问题，可以直接找我。具体的改革方案，我们正在研究。至于整个方案的执行流程的时间节点已经确定，我们会往前推进，不管你们是否愿意，这场改革都要推行下去。"

说完这段话后，老板再对专家说："组织架构等内容我不是很了解，你帮我设计好了，先教给我，我再给大家讲。遇到我讲不透彻或者不清楚的地方，你再补充一下。这样做公司改革才有成功的希望。"

我最怕有些企业老板会这样说："你们专家放心大胆地去干吧，我是你们最坚强的后盾。无论改革方案怎么设计，我都能接受，并且全力以赴支持你们。"然而这家公司是怎么起步的，专家并不清楚，即便专家了解，但是没有亲自经历过，他们也不知道公司未来会怎样发展，人和人之间的关系到底如何。

| 管理铁军 |

所以，真正的改革还要从企业自身做起，企业要学会自救。

企业如何自救？凡是所有流程系统中牵扯到核心管理层利益的，老板必须参与，并且起主导作用，做出初始版本。老板不要指望专家帮你做这些，他们只能提供一些建议。执行层如果在执行的过程中遇到问题，要做到立即调整和修正，特别是薪酬、绩效、组织架构、战略等关键环节。

## 绩效考核的顺序

绩效考核要按照一定的顺序，有条理地进行。

第一步，各级考核主体进行逐级考核，并评分。

第二步，由上级对下级进行考核以及面谈，下级人员对上级进行述职。

第三步，各部门向人力资源部递交考核结果，人力资源部统计结果并公布。

第四步，各部门进行绩效改进计划。

第五步，人力资源部门将考核结果整理归档，根据个人得分系数与部门得分系数，计算出员工的月度绩效工资、年底奖金。

绩效考核的顺序是自上而下的。这里有两层意思。一是上级考核下级。二是决策层不参与考核，不要对高层考核；高层不参与考核，不要对中层考核；中层不参与考核，不要对基层考核，也就是说，每一层级都要参与考核。

很多企业都对基层考核，而不考核高层。我问过很多老板为什么不对高层进行考核，他们说："不是我们不想考核，而是我们不好意思考核他们。我们好不容易请来一位高管，如果对他考核，他离职了怎么办？"

## 第四章 铁军绩效考核与辅导

其实，企业里最先接受考核的应该是高层。高层不参与考核，就别指望考核基层员工。假设我是老板，刘总是我们公司的执行总经理。我说："刘总，我们公司要开展考核。咱们关系好，我就不考核你了，但是你要对下面考核。"我们可以想象一下，刘总没有被上级考核的压力，对下面定的考核指标可能会低一些。这样，大家考核分数就高一些，拿的工资就多一些。

当他的下级目标没有完成，下属会和他这样说："刘总，我们没有完成这个目标，并不是我们的问题。我和我的团队都非常努力，没日没夜地工作，至于没有完成目标，是市场、竞争对手存在问题，我们产品也存在问题。"

总而言之，高层不参加考核，他的下级往往也会完不成考核指标，他不会觉得有问题，甚至还会帮员工说话。

有一些企业老板也会说类似的话："这两年公司效益不好，并不是我们不想好，而是整个行业、整个市场都不好。"老板是在掩饰自己没有能力，掩饰自己不懂系统管理，掩饰自己一直用过去的方法干今天的事，不敢突破。

有魄力的老板则不会这样讲，没有完成就是没完成。他们首先会自我检讨，也会指出公司在哪些地方存在问题。老板没有及时站出来承担责任，就等于让公司"自杀"。

我们换一种思路，比如老板对总经理说："我们公司要做绩效考核了，但是公司的中基层干部的水平确实不高，既然公司想要考核，我只对你考核，你就不要考核下级了。假设我们的业绩目标为5亿元，利润为3000万元，需要设立组织系统、营销系统、财务系统和生产系统，培养3个部门经理、2个副总经理、1个总经理接班人，并且设立1个事业部，此外要完善公司的人才晋升体系和培训系统。"

其实老板不让总经理对下级考核，总经理肯定也会考核的。他如果不考核下级，就会累死他自己。越是高层，未来工资占比越高。比如，60%的工资和你要做的工作相关。如果你没有完成这项工作，60%的工资就没有了，年薪过百万元的目标也就无法实现了。所以，总经理一定会把任务往下分配并加以考核。

## 绩效考核、工作分析、组织架构、战略规划之间的逻辑关系

很多人分不清绩效考核是对岗位考核，还是对人考核。其实绩效考核不是对岗位的考核，而是对人的考核，是衡量一个人在岗位上的工作品质的工具。也就是说，一个员工在一家企业工作得是好是坏，老板和员工说的都不算，而是绩效考核结果说了算。绩效评价要有标准，而不是凭感觉。不能因为你的岗位级别高，绩效考核结果就由老板说了算。如果这家企业的绩效是老板说了算，只能证明这家企业根本没有战略、目标和方向。绩效考核是对人的，是衡量这个人在这个岗位上的工作品质的，干得是好是坏，只能是绩效的结果说了算。

尽管绩效考核是对人的，工作分析却是对岗位的，它主要解决某岗位的工作标准问题。换句话说，要想开展绩效考核，就要先开展工作分析。如果考核没有标准，只是某一个人说了算，考核结果就会出问题。要把结果和标准对比，有标准才能评价员工干得是好是坏。

绩效是从工作分析中得出的，而工作分析是从企业组织架构中得来的。组织架构主要解决部门之间的责任和权利划分，以及规范内部的工作流程。企业的组织架构是从企业的战略规划和企业的经营模式中得来的。经营模式不同，即便是同一个产业或同一类型企业，组织架构也不相同。模式和战略有关，它是基于战略实现而完成的组织架构。

以上内容就是绩效考核、工作分析、组织架构、战略规划之间的逻辑关系。既然有这种逻辑关系，那么我们对员工的绩效考核结果就要体现在薪酬上。

## 绩效考核的全流程

我们在考核的时候，重点要关注的是必须完成的工作，它们相当于工作分析表中的关键内容。但是，并不是工作分析表中的所有工作都需要考核，而是要找出关键节点。

比如，为了完成 A 这项任务，可能需要五步，然而我们在实际工作中不可能对这五步都进行管理：第一步可能不重要，可以暂时不管它；如果第三步我们不进行管理，这个流程就无法向下推进，A 任务也就无法完成，那么第三步就很重要。因此，我们要在工作中找到关键节点，针对关键节点，做出控制。

举个例子，如果 A、B、C、D 几件事，我们没有对 B、C、D 进行控制，也可能会影响 A。而我们考核的时候，却只能考核 A，这也就说明绩效考核不是万能的。我们在做管理时，不但要考虑 A 的达成，还要考虑 B、C、D 的达成。A 以结果为导向，B、C、D 以过程为导向，至于过程重要还是结果重要，我认为需要看具体情况，不能一概而论。岗位的类型不同，导向也不同。

海氏三要素评估法将企业岗位分为三种类型：上山型、下山型、平路型。上山型岗位强调职责比认知能力、解决问题的能力更重要，如公司总裁、销售经理等；下山型岗位侧重解决问题的能力，如科研岗位等；平路型岗位强调职责和解决问题能力并重，如会计。

绩效考核要抓重要的、关键的要素,以及能够影响工作成败的事情。这些关键要素抓好了,目标达成的可能性更大,当然并不能保证一定能达成目标。从时间的角度来看,绩效考核的本质既是对过去的总结,也是对未来的期待。比如,我们月初制定一张绩效考核表,到月底绩效就达成了,那是不可能的。如果真的达成了,也只能证明你的运气不错,没有达成是很正常的。绩效考核有了结果,我们才知道工作得是好是坏,绩效考核是对结果的一个评价。要想让结果更好,我们就必须关注过程。

绩效管理的全流程一共分为十个步骤。

## 梳理公司目标

考核是为了实现目标,因此我们可以参照公司制定的年度目标。它和绩效考核在内容上有很多相似之处,只不过我们需要换一种方式管控。

目标可以分为公司级目标、部门级目标、个人级目标,还可以分为年度目标、季度目标和月度目标。为了完成这些目标,会有若干事项,我们要根据具体事项分配工作任务。

我们要对照这些目标确定具体的工作,把任务分配下去,落实到每一名员工身上。比如,销售部门应该怎么做,生产部门应该怎么做,行政部门应该怎么做,研发部门应该怎么做,人力资源部门应该怎么做,财务部门应该怎么做。尽管任务都分配下去了,但是要注意任务有轻重缓急之分。

公司目标一般在年初或月初由董事会提出,而各部门负责人制定本部门目标,与董事会共同讨论并达成共识。每月目标提出后要开始执行,在月底进行目标比对,同时要参考环境变化,讨论目标是否需要微调。

## 量化工作内容，形成工作分析表

为了达成目标，要明确做哪些工作才能达成。

工作分析表由本岗的优秀员工和该岗位直属上级领导共同完成，并由人力资源部修订。如果是公司的新岗位，就要参照同行业这一岗位的工作内容。刚收集的工作分析表可能用词不精准，不是书面语言，这时候人力资源就需要将这些内容转化为用词精准的书面语言。

工作分析表分为两大部分：岗位任职资格表，见表4-2；工作内容表，见表4-3。

### 1. 工作分析表之岗位任职资格

表4-2 岗位任职资格表

| 岗位 | | 有无兼职 | |
|---|---|---|---|
| 上级岗位 | | 部门名称 | |
| 下级岗位 | | | |
| 岗位任职资格要求 | 年龄：<br>性别：<br>籍贯：<br>学历：<br>经验要求：<br>知识要求：<br>能力要求：<br>其他要求： | | |

表4-2中的岗位任职资格要求可以单独做成简历标杆。所谓简历标杆，就是公司招聘人才按照此标准进行初选，一般情况下包含以下项目。

第一，年龄。

年龄指容易出高业绩的年龄段。我发现有很多企业是这样写年龄要求的：招聘总经理要求年龄在 35 周岁以上。这样写是有问题的，应聘的人 60 岁了，你还招吗？所以要写清年龄段。比如，应聘长松辅导师的年龄范围为 35~45 岁。

第二，性别。

可标示"女""男""女性优先""男性优先""不限"字样。

如果一个岗位只有女士能干，可写"女"，但不能写"只限女性"；如果一个岗位需要的女士多、男士少，可以写"女性优先"；如果一个岗位需要的男士多、女士少，可以写"男性优先"；如果对性别没有要求，就写"性别不限"。

第三，籍贯。

籍贯指的是出生地。籍贯分为本地农村、本地城市、外地农村、外地城市和籍贯不限。

比如，长松公司在前期组建团队阶段，既有来自外地的员工，又有来自本地的员工；既有来自城市的员工，又有来自农村的员工。通过一段时间的观察，我们发现：本地城市的员工留存率非常低，来自外地农村的员工留存率相对高。因此，我们在后来的招聘对此就有所考量。这不是区域歧视，我们只是发现了我们公司的规律，其他企业要根据自己的具体情况考量。

第四，学历。

学历指的是容易出高业绩的学历段。

例如，长松的业务员学历要求为本科或者专科。我们要求辅导师的第一学历是本科，最好是"双一流"大学。

第五，经验要求。

经验要求主要包括三个方面：岗位经验、行业经验、经验不限。

我们公司喜欢招聘做过业务员且没有在培训公司工作过的人，换句话说，具有同行业经验的人，我们用得较少。

我们发现，前几年从同行业引进的一些人才在前三个月业绩突出，三个月以后就有些乏力了，他们仅仅是从老客户那里获得机会和利润，而不是寻找和开发新的客户。所以我们更喜欢招聘没有在培训公司工作过，但在别的行业做过业务员，特别是做过两三年业务员的人。

第六，知识要求。

知识包括行业知识、企业知识、岗位知识和一般通用知识。

企业规模不同，在行业所处的位置不同，对员工的知识要求自然也不同。比如一家国际化公司的员工必须了解国际化的知识体系；上市公司的员工就要了解上市公司的运作体系，甚至管理体系。

决定一个人竞争力的不是岗位知识，也不是公司知识，更不是行业知识，而是通用知识。通用知识的获得和学历教育及继续教育情况有很大关系。一个人的知识面越宽，适应能力往往会越强。如果知识体系出现问题，他的接收能力、转化能力也会受到影响，甚至会影响他的决策。

第七，能力要求。

能力指的是员工能具体做到的工作的能力。比如领导能力、教练能力、团队激励能力、系统建设能力、成交能力、协调能力、危机处理能力、抗压能力，这些都是能力要求。能力要求必须做到，而不是只停留在口头上。

第八，其他要求。

其他要求主要指岗位的一些特定要求。

比如，会计要有会计证，司机要有驾照。如果没有这些资质，是不能从事相关工作的。

## 2. 工作分析表之工作内容

表4-3 工作内容表

| 序号 | 重要性 | 具体工作 | 占用时间 % |
|---|---|---|---|
|  |  |  |  |
|  |  |  |  |
|  |  |  |  |

表4-3中的重要性一列，通常按照重要的程度进行排列。最右侧是记录占用时间的百分比，指的是员工做一项工作在一个月内花费的时间百分比。表4-3是由本岗优秀员工和上级管理者共同完成的，并交人力资源部修订。

工作内容书写通常用的三个动词：负责、协助、监督。负责，通常和本岗位工作有关；协助，通常和平级岗位有关；监督，通常指的是上级对下级的监督。

> 我们公司的司机岗位有一个规定动作：动词＋结果＋量化。
>
> 比如，第一项工作内容的动词是"负责"，结果是"车辆行驶安全"，量化要做到"无事故"，合起来就是"负责车辆行驶安全，做到无事故"；第二项工作内容是"负责车辆保养，参照保养手册"；第三项工作内容是"负责车辆整洁、卫生，无污染，无污垢"；第四项工作内容是"负责车辆行驶规范，无违章"；第五项工作内容是"负责准时接送领导及指定人员，在约定时间内完成"。

工作内容主要源于以下三个方面。

第一，岗位要求，即为达成工作目标，必须完成的关键事项。

第二，客户要求，即客户对公司提出的合理要求。

尽管客户的要求和岗位的关系不大，甚至没有关系，但是如果客户的要求是合理的，也可以成为该岗位的工作内容。

第三，上级要求，即上级指派性、临时性的工作。

领导说要你帮他处理一件事情，你可以在制作工作分析表的最后写上一句话：完成领导临时指派的工作内容。

比如，领导对司机说："你每天早上接我时，我要吃上热乎乎的早餐。"这就是上级要求的。还有的领导说："不管是冬天还是夏天，人坐进车里，车内温度必须保证在22℃~24℃。"这些要求，司机是完全可以做到的。为什么很多司机没有做这些？原因是没有人要求他们去做。这说明一切的管理在于要求。

## 从工作分析表中找出关键项

工作分析表里面的内容，不是全部做绩效考核，而是要找出关键项。

确立关键事项，就是找到每一个岗位、每一个部门工作的重点、核心指标、核心事件。完成目标的关键成果（战略目标规划）需要若干事项来支撑，从中找出关键事件（工作分析表）和完成关键事件所需的多项关键节点（绩效考核表）。

为了完成这些目标，会有若干工作事项，当然并不是每一项都重要，因为企业每个月的工作重点不一样。工作分析表并不能完全量化一个人工作的重点和次重点，还需要根据每个人在流程环节及部门推进关键节点里的重点，从而确定考核要关注的关键事项。

## 把关键项转化为考核指标

我们在这一步要参照 KPI 指标库，在 KPI 指标库里找到指标的关键节点，把关键项转化为考核指标。

## 制作绩效考核表

找到关键项并转化为考核指标以后，将由被考核者的直接上级做一张绩效考核表。需要注意的是，绩效考核表做好之后，最好不要直接使用，因为前期导入阶段还要考虑一些问题，比如考核指标和目标是否一致、当事人是否可以掌控、量化是否清晰等。

## 人力资源部修订、审核绩效考核表

做好的绩效考核表要由人力资源部修订、审核。
绩效考核表修订的原则包含以下几个方面：
第一，关键节点与公司目标是否匹配；
第二，量化是否清晰；
第三，当事人是否可掌控；
第四，合并重复项，多用正向指标记录。

## 确认并签字

修订审核后，人力资源部要将绩效考核表返给被考核者的上级，由其和下级逐一确认并签字。

直接上级和下级通常选择的确认方式是一对一，而不是一对多。现在有很多管理者会把十几二十几个下级的绩效考核表全做出来，在开会时发给每人一份，现场确认并签字。这样做看似能提高效率，却存在一个风险：如果有一个人认为绩效考核不公平，大家都会认为不公平。因此我建议企业在第一次导入绩效考核时，领导一定要和下级一对一地沟通确认。不要担心花费时间，如果不提前沟通好，一旦有员工质疑上级或公司，开展工作的难度会更大，也会花费更多的时间。

## 绩效辅导

员工签字确认绩效考核表以后，直接上级要对其进行跟踪辅导。绩效不是考核出来的，而是通过绩效辅导，不断提升胜任力得来的。培训得到的是知识，训练得到的是技能，通过行动才能把它们转化为成果。员工在执行的过程中，如果遇到问题，上级要协助他甚至帮助他解决问题，而不是袖手旁观。

我认为，干部给员工做绩效辅导，应该具备五种能力。

第一，说的能力。如果一个干部只会干、不会说，那么他会觉得很累。说的能力有两种：一种是站起来演讲，一种是坐下来谈判。干部要通过语言把自己的想法传达给部门员工。工作不是由干部一个人完成的，而是由大家一起完成的。

第二，写的能力。光会说、不会写也不行。干部要会写，通过文字把工作量化。

第三，传承的能力。有的干部会把自己的经验教给别人，但也有一些干部总是不愿意教下属。尽管这些干部能独当一面，却没人愿意接替他们的工作，因为他们不愿把自己的东西传授给别人。衡量一个人的价值，不能只是衡量他有多少财富，更要看他成就了多少人。

第四，授权的能力。给予员工信任，让其成长。

第五，激励的能力。员工做得好，要给予奖励；员工做得不好，要进行处罚。

公司如果做好绩效辅导，即使不做绩效考核，公司的业绩和管理也不会太差。如果公司做了绩效考核，但是没有做绩效辅导，绩效也不会理想。绩效辅导很重要，大家一定要重视。

## ▎评估改进

下月初对上个月的绩效考核进行评估和面谈，人力资源部对公司整体的绩效考核评估进行分析，为各部门制订绩效改进计划提供参考，并让员工对绩效改进的方案进行签字确认。

评估的时候，由上下级共同打分；之后由人力资源部对公司整体进行一次评估，观察是否存在个别部门出现分数较大波动的情况，并做出判断：波动是稳定型的还是偶尔跳动型的，是下滑型的还是上扬型的。除了人力资源部，每个部门的负责人及员工个人也要根据自己过去的月度情况进行基本分析，分析自己的成长速度，做出改进方案。

高层、决策层的考核周期，以季度为单位。高层和决策层需要更长时间才能完成一件事情，比如培养人才，至少需要两三个月，甚至更长的时间；一个项目从开始到结束也需要一定的时间，所以高层和决策层需要较长时间的考核周期。

中层和基层考核周期通常以月为单位，项目型团队通常以项目周期为考核周期。如果项目周期超过3个月，可以根据项目的关键节点和关键成果将考核周期分解到3个月以内。比如，盖一栋楼的时间肯定要超过 3 个月，可能需要 1 年的时间，我们可以按照流程的关键节点进行分解：打地基为一个节点，出地面为一个节点，封顶为一个节点，外墙和内部装饰为一个节点，绿化为一个节点，将每一个节点控制在 3 个月内再进行考核。

如果你的项目非常成熟、稳定，也可以按月考核。如果你的项目的周期跨度很大，比如这个项目的周期 10 天，那个项目的周期是 80 天，还有个项目的周期是两年，你就把项目周期作为其考核周期。

## ▎绩效考核结果的转换

绩效考核结果转换，通常是打完分以后形成一式两份的表格，一份交财务部做绩效工资，一份交人力资源部做绩效评估和面谈。

财务做出绩效考核的绩效工资，实现从绩效到薪酬的转换，考核成绩与绩效工资系数对应。见表 4-4。

表 4-4 考核与薪酬的指标挂钩法

| 考核分数 | 绩效工资系数（K） |
| --- | --- |
| 95 分及以上 | 1.2 |
| 90 ~ 94 分 | 1.0 |
| 85 ~ 89 分 | 0.9 |
| 80 ~ 84 分 | 0.8 |
| 75 ~ 79 分 | 0.7 |
| 70 ~ 74 分 | 0.6 |
| 65 ~ 69 分 | 0.5 |
| 60 ~ 64 分 | 0.4 |
| 60 分以下 | 0 |

一名员工的考核分数如果在60分以下，对应的绩效工资系数是0，就没有绩效工资了。所以，60分是我们对岗位要求的底线分。90~94分，这名员工可以拿到100%的绩效；95分及以上，他可以拿1.2倍的绩效。当然我们也可以把绩效工资的系数设定为1.1倍、1.3倍，但是建议不超过1.5倍。

上山型的固定工资和绩效工资比例为4∶6，奖金部分并不算在绩效工资之内。平路型两者的比例是6∶4，下山型两者的比例是8∶2。比如，在做绩效考核之前，某员工的工资是5000元／月，现在要做绩效考核，需要从5000元里拿出一部分钱做绩效考核，这需要一些技巧。我们把它变成4000+1000，即用1000元做绩效考核，最后还是收入5000元，员工会认为公司在扣工资。我们要尽可能地在原有5000元收入的基础上增加一部分，用增加的部分做绩效考核。如果之前没有做过薪酬绩效改革，今天开始做绩效薪酬改革，员工肯定希望工资是增加的。然而加工资不是随意加的——加少了员工没感觉，加多了企业可能有压力。

我们必须找到一个平衡点，即最小感觉差。有人测算过最小感觉差是11.6%，加工资的范围通常是12%~15%，我们通常建议企业选择12%，原则上最高不超过15%。薪酬改革时，薪酬总量要增加。假设工资总量从原来每月5000元涨到5750元，如果上山型，我们就把5750元变成4∶6的比例，即基本工资2300元+绩效工资3450元；如果是平路型，比例就是6∶4，即基本工资3450元+绩效工资2300元；如果是下山型，比例就是8∶2，即基本工资4600元+绩效工资1150元。

表面上增加1000元的工资，干得比1000元要多。比如3600元的绩效工资，如果考核分数在95分及以上，可以拿到1.2倍的绩效，即 4320 元。干得好，可以拿到更多的工资；干得不好，工资低也很正常。

薪酬和绩效之间的连接点是非常重要的，比例关系要弄明白，而不是随随便便地一刀切。如果没有了解背后的运作规律就随意改革的话，很容易出问题。

绩效的评估及绩效的面谈结果可以为公司层面提供绩效改进方案，也包括部门层级的绩效改进方案。绩效考核得分要和薪酬、晋升、培训、福利等各要素挂钩，并且根据绩效考核结果重新调整目标，然后才能进入下一个 PDCA 循环。

这十个步骤非常关键，一步都不能少。绩效考核是一件较为复杂的事情，需要一步一步地往前走，不能急于求成。

# 绩效考核表制作

## ▎考核评分表

现在,有的企业考核时只关注业绩,而忽视了员工的行为。这样的考核是片面的,考核与薪酬之间要有对应。

考核至少包含业绩和行为两部分,考核评分表也分两部分:一是任务绩效,即业绩绩效;二是行为绩效。

假设任务绩效和行为绩效总和是 100 分,二者之间的比例关系应该是基层为 85∶15,中层为 80∶20,高层为 75∶25。层级越高,行为绩效所占比例越高,原因是层级越高,其行为对团队的影响就越大。

### 1. 考核指标数量

一般情况下,基层的考核指标数量是 3~7 个,中层的是 5~10 个,高层的是 7~14 个。这里有一个规律:层级越高,指标涵盖类别越全面。

现在很多企业的情况正好相反:高层的考核指标数量很少,基层的考核指标数量却很多。例如,有些公司高层的考核指标有 7 个,业务员的考核指标有 18 个,前台文员的考核指标居然有 45 个,这不利于工作的开展。

## 2. 岗位类型

在同一层级中，上山型岗位的考核指标数量偏少，平路型和下山型岗位指标数量偏多。比如，基层上山型的考核指标数量可能会少一些，平路型和下山行的指标数量可能会多一些。岗位类型不同，绩效考核就不能一刀切。比如，业务员属于上山型，跑长途货运的货车司机属于上山型，总经理也属于上山型；而前台文员、办公室主任属于平路型；软件工程师、电工、会计属于下山型。

一个人的岗位是否为技术工种，我们有一个判断标准：这个人能否在一个月之内学会他所学习的内容。如果他可以在一个月内学会，即使这个岗位有技术含量，也是平路型，或者是上山型，但绝不是下山型。

我们再来分析采购岗位。有的采购每次都要和别人讨价还价，这就属于上山型；也有的采购每天负责打款发货，不用谈价格，这种就属于平路型；还有一种是每一次采购结束后，要进行检测或化验，这种就属于下山型。

司机岗位也有平路型司机、上山型司机、下山型司机。岗位名称是什么不重要，重要的是这一岗位的工作类型，工作类型决定其工作性质。

## 3. 权重

权重指的是一个指标占所有指标的百分比。有的企业的权重任务绩效总分、行为绩效总分都是 100 分。有的企业用的是 5 分制，他们在打完分后发现，分数出现了小数点，比如满分是 5 分，有人得分 3.2 分。一位小数可能还好，如果是两位小数，比如 3.25 分，操作起来就有难度。也有一些企业用的是 7 分制，操作起来也不是很方便。我建议选择用百分制，百分制操作起来比较简单，也不会容易出现问题。

单项指标权重最高分原则上不超过35分，如果超过35分，可以考虑分解。比如一个人某项指标的分数是45分，说明他的岗位权重可能存在一些问题，有可能影响他的整体分数，从而影响他的收入、情绪，甚至影响公司的经营。如果这项指标很重要，或者该指标的可控性又比较高，也可以超过35分。但超过35分隐藏一个风险——一旦他不能较好地完成该指标，其收益就会下降，可能会影响后面的工作。

单项指标最低分原则不低于5分。低于5分说明该项指标不重要，也就无须考核了。而大部分企业对指标的要求比较苛刻，都在2~3分这个范围打分。

> 有一家来自广州的公司向我们咨询，为什么他们公司的绩效考核做得非常详细，却在执行时问题频出。
>
> 我仔细看了他们的绩效考核表，发现这家公司的考核表做得确实很详细，但是几乎没有超过10分的指标，很多指标都是2分的。例如员工要遵守员工守则，员工不能迟到、早退，这几项加在一起只有2分。
>
> 通过他们的考核表我们可以看出，这家公司的绩效考核什么都想抓，却没有抓到重点。我们要做到抓大放小，低于5分的指标就不重要了，可以考虑不考核。尽管它们对公司的状态、沟通、氛围、流程会有一定的影响，但是我们可以采用其他方法进行管理。

### 4. 指标要求

指标要求就是对指标的定义和说明，这是企业经常出问题的地方。很多企业并不结合自身的情况，而是从网上下载几个模板直接套用，一用就会出问题。

### 5. 指标定义

指标定义是指企业如何界定指标。在做绩效考核时，上下级对指标的理解可能会产生差异，这会影响最后的评分和得分，甚至导致上下级之间出现争执，一旦双方发生争执，就会对管理造成一些不良影响，所以我们要界定指标。

指标定义可以用一段话说清楚，也可以用一个公式说清楚。

### 6. 评分等级

评分等级也是一个重要的因素。如何评分是企业经常出问题的环节，甚至容易出现较大的问题。

我向大家介绍两种评分等级。

第一种，三级评分标准。

比如，销售额的权重是20分，评分标准可以以财务实际到账金额为准。

即便是同样一项指标，在不同的企业甚至同一家企业的不同发展阶段都有差异。这对企业干部和人力资源的要求比较高。我们要定义清楚，一旦定义不清，到了打分时，下级和上级之间就有可能在这一问题上出现争议。

第一步，找出最高得分标准。

比如某一项的最高得分是20分，标准是完成100万元以上为20分，这就是得最高分的标准。

第二步，找到底线得分标准。

一家企业的某一权重的最低分是0分，就是低于底线的分都是

0分。比如，业绩低于90万元以下为0分。这里的90万元就是我们对这一指标要求的底线标准。现在很多企业出现的问题是只有最高标准，没有底线标准。

任何一项指标，在确定最高得分标准以后，我们必须确定底线标准。记住，不是最低标准，而是底线标准。比如，一家企业对业务员的底线业绩是90万元，也就是说只要业绩低于90万元，这个人的得分就是0分。

有的企业某一指标的权重是20分，业绩完成100万元以上是20分，完成91万~100万元是19分，完成81万~90万元是18分……完成1万元以下是9分，没有业绩是0分。这就意味着这家企业对该岗位的业绩没有底线标准。我们可以没有最低标准，但任何一项指标，任何一件事情，都要有底线标准。

第三步，找出中间得分标准。

中间得分标准通常是权重分的一半。比如，完成90万元以上是10分，中间分通常是最高分的一半。

财务类、差错类、事故类、品质类的个别指标，只能选择两级评分标准。

我们不能对出纳说每个月允许在现金上出现一次错误。出纳的任务要求是全对，错一次，得分就为0。那些高危行业企业也是如此，一旦出事故，得分就是0。

上山型岗位级别偏少，平路型和下山型级别可以考虑偏多。

三级评分也可以细化成四级、五级、六级评分，但是我们仍然把这种方法叫三级评分方法。需要注意的是，上山型的评分级别要少一点，平路型和下山型的评分级别可以考虑细化为四级、五级、六级，甚至七级。原因是上山型的收入浮动性比较大，收入一点一点地改变，是不够刺激的，所以我们要适当拉大差别；平路型的岗位收入本来就不高，如果差别过大，就会像过山车一样，所以评分级别可以适当增加。

绩效考核是加分还是扣分，是加工资还是扣工资，也要根据岗位类型决定。

上山型的业务员起评分为0分，业绩出一点，就加几分；再出点业绩，再加几分；客户满意度高，再加几分；拜访客户及时，再加几分……一直奔着100分去，要让他往前冲，区间要大一些。平路型和下山型大部分岗位则是从100分开始，比如会计在工作中错一次，扣几分；再错一次，再扣几分。

第二种，加减评分方法。

假设迟到这一指标的权重分是10分，公司规定员工每天上班不能迟到，评分标准是迟到1次扣2分。如果有人在1月份迟到了10次，按评分标准计算，他的得分是负10分。

这种计算思路没有问题，然而从实际运作上来讲就有问题了。负10分传递给员工的感受是，在公司工作了一个月，还要倒贴公司。这就涉及一个原则——扣完为止。

迟到这项指标满分是10分，迟到一次扣2分，扣完为0分。我们肯定不允许员工1个月迟到5次。确实是迟到1次扣2分，我们规定员工迟到的底线是3次。第一次迟到扣2分，第二次又迟到扣2分，加在一起是扣4分，但第三次迟到直接为0分。

该如何评分？

第一步，找出最高得分标准。

比如，这一项的最高得分是10分，得10分的标准就是不迟到。

第二步，找出底线得分标准。

低于底线标准为0分。需要注意的是，我们不但要找到每一项的最高得分标准，也要找到每一项的底线得分标准。然而在实际造操作的过程中，有一部分企业忽略了底线得分标准。

第三步，找出每减一档的标准。

比如，公司对迟到的底线是3次，即一个月迟到3次，得分就为0。如果迟到一次就扣5分，我是不建议的。第一次迟到，可能员工遭遇了突发事件，如果一下扣了5分，确实过于严厉。

## 考核指标如何选取

### 1. 原则

第一，要什么，考什么。第二，担心什么，控制什么。

### 2. 来源

第一，考核指标根据岗位职责、工作计划、部门重点、年度计划等，由上下级共同协商。

第二，结合岗位自身职责与公司各层次目标，选择考核周期内的工作重点或岗位职责中的关键性工作作为考核指标。

### 3. 考核指标分类

考核指标包括业绩维度、行为维度。

业绩维度：主要指被考核人员所取得的工作成果，考核范围包括每个岗位的岗位职责指标、任务目标完成情况、对下属的管理和工作指导的绩效。

行为维度：对被考核人员的品行进行考核，主要是对岗位任职者在工作过程中表现出来的行为情况的考核。

## 4. 考核维度占比分配

不同层级的岗位，业绩维度与行为维度之间存在不同的占比。见表4-5。

表4-5　不同层级的岗位业绩维度与行为维度占比

| 岗位层级 | 业绩维度 | 行为维度 |
| --- | --- | --- |
| 基层 | 85% | 15% |
| 中层 | 80% | 20% |
| 高层及决策层 | 75% | 25% |

# 考核指标数量把握

考核指标数量需要根据公司的不同层级、岗位类型而定。

示例：

基层的考核指标数量为3~7个，中层干部的考核指标数量为5~10个，高层干部的考核指标数量为7~14个。

# 不同层级的考核思路

## 1. 高层以战略目标为考核重点

考核重点包括：销售额与成本、市场、系统管理、人才。

示例：

岗位：北京分公司总经理。

销售额与成本：月销售额200万元以上，月利润超过50万元。

市场：新增客户达到10家以上。

人才：员工数达到100人以上，培养干部8名以上。

系统管理：客户投诉次数低于 3 次。

**2. 中层考核重点**

中层的考核重点主要包括四个维度：战略数据、流程与系统执行、客户满意、学习与成长。

示例：

岗位：采购部经理。

战略数据：每月上交 5 家供应商资料，并上交市场价格分析表。

流程与系统执行：采购及时性在 48 小时内或库存率超过 25%。

客户满意（包括外部客户以及内部客户的评价及满意度）：次品率达到万分之一以下。

学习与成长：对其他部门进行不低于 2 小时的原材料使用培训。

**3. 基层以目标考核为中心**

基层的最核心考核指标以目标为主。

示例 1：

招聘主管核心考核指标：每月招聘业务员 20 名。

示例 2：

业务员核心考核指标：每月销售额达到 55 万元以上，新客户 3 家以上。

## 考核表制作关键点

考核表的制作有一些关键内容需要大家注意。

第一，同一个岗位的考核表的内容可以不同。

第二，注意考核的权重。

第三，企业在前期发展时，只考核业绩，暂时不考核行为。

第四，考核分为上级评分和下级评分，可以越级评分。

第五，人力资源部只打本部门的分数。

第六，下级的平均得分，原则上一般不超过上级（由于非上级本职工作造成的得分低除外）。

## 自我评分与上级评分

最终得分包括自我评分和上级评分。自我评分和上级评分，如果两者得分相同，可以直接采用得分。如果得分不同，则需要计算。

主要有两种计算方法。

第一种，按低分计算。如果上级打的分高，就按自评的分来算；但如果上级打的分低，就按上级的分来算。

第二种，按比例计算。打分一般是先让上级打分，再让下级自评，然后按照一定的比例计算。上级的评分权重占 80%，自我评分权重占 20%。如果自我评分偏高，可以取消本人的考核权。

# 业绩考核指标设定

## ▎业绩考核指标来源

业绩绩效包括业绩的考核、管理工作的考核、队伍建设的考核等。业绩考核指标的来源主要包括四方面。

一是公司的年度战略目标分解。它主要体现在对业绩的考核要求上，如销售额目标要求、生产成本目标要求、管理费用目标要求等。

二是公司的岗位本质特征。它以公司该岗位的本质特征为依据。

三是岗位的工作分析表提炼。它根据工作分析表中的工作内容提取与之对应的考核指标。

四是公司绩效考核指标库。它主要从该岗位的指标库中提取需要考核的指标项。

## ▎高管考核指标设定及分解

一般高管的考核目标从企业战略的角度出发，或者直接以董事长考核指标为基础，分解到总经理。高管考核指标主要为两项目标。

第一，利润——企业创造的利润额要求。

包括企业销售额、成本费用额（含原材料成本、生产成本、管理费用、人工成本、营销费用、税费等）。

第二，管理成熟度——企业在管理成熟度方面的提升要求。

包括企业战略和文化成熟度、组织系统建设完善度、运营系统建设完善度、财务系统建设完善度、业务系统建设完善度等，这些可以为企业今后的发展打好基础。

管理成熟度可以分解为：

年度销售额；

原材料成本降低率及合格率；

生产计划达成率及生产成本；

管理成本标准化；

人才达成率；

营销成本降低率；

合理避税量、战略清晰度和执行度、文化匹配度；

企业组织系统的制定、审批、执行、监督；

运营系统的制定、审批、执行、监督；

财务系统的制定、审批、执行、监督；

业务系统的制定、审批、执行、监督。

## ▎部门岗位考核指标设定及分解

部门岗位考核指标一般按照自上而下的目标分解原理进行分解，部门考核指标从上述总经理 11 项指标中进行分解，首先分解到各中心总监，然后由各中心总监分解到各部门经理，再从各部门经理分解到各岗位。具体指标可以分解为：

承接公司战略目标，营销中心的核心指标包括年度销售额、营销成本降低率、业务系统完善度、销售人才达成率等；

承接公司战略目标，生产中心的核心指标包括原材料成本降低率与合格率、生产计划达成率与生产成本、人才达成率等；

承接公司战略目标，财务中心的核心指标包括合理避税量、财务系统制定审批执行与监督、管理成本标准化、成本降低率、人才达成率等；

承接公司战略目标，行政中心的核心指标包括人才达成率、成本降低率、文化匹配度、企业组织系统制定审批执行与监督等。

# 行为考核指标设定

## ▎行为指标选取

### 1. 行为指标选取原则

对于行为考核，每一家企业选择指标数量为5~10个。基层通常为2~3个，中层3~4个，高层4~5个。行为指标的选取，要结合企业文化价值观以及岗位特性。在考核初期，如果企业把握不准行为考核，可以暂时不考核。

### 2. 主要的行为指标

主动性：一般为上山型岗位的考核指标。

承担责任：一般为管理岗的考核指标。

创新：考核技术工作者或生产工作者。

清财：考核与资金相关的岗位。

创业：考核核心管理人员。

忠诚：适用比较机密的岗位，以及比较核心的管理岗位。

领导力：适用团队规模比较大的管理岗位。

自信心：适用各个岗位，如公关经理、业务员、谈判师。

决策：适用公司董事会以及总裁级岗位。

成长认知：适用对流程或制度要求较高的岗位。

纪律作风：为大众考核项。

商业保密：主要针对客户、技术、财务、人力资源等四类岗位。

学习力：为大众考核项。

公平：考核人力资源、监事。

真实：主要针对市场调研、财务等岗位。

慎独：考核需要经常外出的工作岗位，如销售、采购等。

宽容：一般不考核。

职业化：主要考核对外的岗位。

以客户为中心：考核对外及客户服务岗位。

指挥：考核高级管理岗位。

团队精神：考核项目岗位。

其他指标：工作服从、协作性、工作细致，为大众化考核项。

## 各岗位行为指标示例

业务员有两个行为指标，分别是主动性和以客户为中心。当然，我们也可以把学习力、职业化当作业务员的行为指标。

财务人员选择两个行为指标，分别是清财、商业保密。

人力资源经理可以选两个行为指标，分别是职业化、团队精神。

总经理的行为指标可以是决策、承担责任、领导力。

产品研发经理的行为指标可以是创新、商业保密、学习力等。

保安的行为指标可以是工作服从、纪律作风等。

## ▌如何判断员工的行为

我们判断一个人行为，依据是他行为的结果。

从行动力上来看，某人做了10件事，其中9件事是他主动做的，有1件事是被动去做的，根据我们公司的规定，我们判定他是比较主动的。他做了10件事，其中9件事完成得很好，只有1件事没有完成好，他提出要求，公司可以适当让步，前提条件是他不能触碰公司的底线。但是适当让步并不是随便让步，公司在让步的同时，也要提出对他的要求。行为考核的核心不是让员工做得多么优秀，而是让员工不触碰红线，并且向着更好的方向发展。

行为考核是可以变通的，但是业绩考核是固定的，因为业绩是多少就是多少，是有数据可以证明的。行为考核可能在打分环节出现问题，也可能在对某一个定义的理解上出现问题，比如上下级理解不同，导致分数存在较大差异。

一家企业80%的员工得分在80分左右，是比较合理的。如果员工的得分都在90分以上，可能是由下面几种情况造成的。

第一种，只对基层、中层考核，却不考核上级，通常会造成下级的分数比较高。因为上级没有被考核的压力，他们往往就会为下级打高分。

第二种，公司没有对目标进行量化，而是随意定标准。这种情况下，公司会定较低的标准，很多人都能拿高分，这样的考核过于随意，缺乏挑战性，根本没有意义。

我们之前谈到考核有一个非常重要的目的，即挑战业绩的极限。如果公司偶尔有人的考核分数是90分，则可以证明他工作很努力，也说明他取得了一定的成绩。

## 行为考核的步骤

第一步,设定各岗位的行为考核指标。

企业应该对各个岗位,尤其是核心岗位,设定相应的行为考核指标和指标达标标准。品行指标可从行为考核系统表中选择:企业可以从前文提到的重要的指标中选取出最适合本企业的,选择 8~12 个指标为宜;然后将这些指标分配到各个层级、各个岗位;再结合各个岗位层级的要求,设定具体的指标标准。

第二步,选取适合本企业的品行指标。

选择适合本企业的品行指标,需要结合四项标准操作。

一是与企业的文化特征相匹配,即企业现有的文化和价值观。

二是与企业过去的损失相联系。过去因为员工品行问题产生过的损失应重点强调,比如企业曾经因员工没有做好商业保密,造成企业核心机密外泄,就要把商业保密作为重要的企业品行指标。

三是企业想要培养的品行。企业希望员工养成哪种品行,就选择何种品行作为指标。

四是符合本职岗位的特征。不同的岗位侧重不同的品行,如财务类岗位必然要强调商业保密,采购类岗位必然要强调清财。

第三步,各岗位的品行指标数量的设定。

一般而言,基层岗位选择 2~3 个品行指标,中层岗位选择 3~4 个品行指标,高层及以上岗位选择 5 个品行指标。

## 行为考核的用途

第一,晋升考评。员工获得晋升,其行为考核必须过关。

第二,降级评估。员工品行一旦出现问题,必须予以处理,甚至降级。

第三，招聘测评。在招聘新员工时，企业要对应聘者尤其是重点岗位的应聘者进行品行考评。

## 行为考核结果应用

一是绩效考核未达到及格的处理方式。

列入黑名单（半年到一年之内失去选举权和涨薪权）。

降级（包括降低工资的级别、降低职位的级别）。

辞退（符合《离职手册》辞退标准应予以即时辞退）。

二是鼓励品行优秀的人员。

对于品行优异的员工，企业应予以大力培养、支持、鼓励。

荣誉：授予"优秀员工"等称号。

榜样：在企业内部树立为岗位标杆，列入企业名人堂等。

晋升：符合晋升条件者予以岗位晋升。

重点培养：给予更多的培训机会、学习机会，在工作中重点培养、指导。

# 考核结果的应用

## ▎考核结果的用途

### 1. 考核结果的目的

第一，月度绩效奖金的发放。

第二，年度绩效资金的发放。

第三，薪酬等级的调整。

第四，岗位晋升及调整。

第五，员工培训安排。

### 2. 考核结果应用的关键点

第一，考核分数的运用：薪酬、晋升、淘汰、调岗、培训、公司经营分析、公司战略调整。

第二，考核成绩与奖金系数相对应。

第三，考核绩效得分基本呈正态分布——3∶3∶3。

第四，任免权力在上级，指标清晰、公布考核得分。层级不同，考核指标数量也不同。业绩指标，基层 3~4 个，中层 5~8 个，高层不超过 11 个；品行指标，高层 4 个，中层 2~4 个，基层 2 个。

第五，管理法则。

对待管理者，要树立标杆，特征为身先士卒，用业绩向其他人证明；

对待职能人员，要树立榜样，其特征为关注付出，关注执行和服务；

对待技术人员及专家，要树立明星，特征放大其优点，增加他人的认同感。

第六，绩效管理是一种过程管理，帮助员工得高分的上级才是好上级。

## 绩效考核与薪酬的互动

### 1. 薪是物质，酬是精神

薪酬的薪指的是物质，酬指的是精神。

物质包含两类：第一类，工资；第二类，奖金。

精神也包含两类：第一类，给予其一定的职位，即晋升；第二类，给予其奖状、证书、荣誉称号，即给荣誉。

发工资是因为该员工完成了岗位职能工作，发奖金是因为他完成了公司制定的目标。给他升职是因为他业绩、品行俱佳，给他荣誉是因为他能为其他员工做出表率。

绩效的绩是业绩，效是行为。业绩包含职能和目标，行为包含品行和纪律。这是它们之间的逻辑关系。

现在有很多企业只关注薪，却忽略了酬。年底发奖金是薪，公司组织度假旅游是酬，公司上下班有班车接送是酬，公司为员工发放统一服装是酬，端午节发粽子还是酬。员工的需求并不仅仅满足于薪，他们越发重视酬。

珠三角、长三角地区的企业去招人，应聘者会问："包住宿吗？"企业如果回答："包住宿。"对方会接着问："几个人一间房？里面有空调吗？有洗衣机吗？有电视吗？""90后"和"00后"可能还会问："有无线网吗？"企业说："这些都有。"

你如果还想用过去的方法招人，可能很难招到人。你的企业如果跟不上现在社会发展的趋势，就有可能被淘汰。这就要求企业在重视薪的基础上也要重视酬，让员工在精神层面上感到被重视，有归属感。

## 2. 薪酬设计的原则

有部分企业在薪酬设计的过程中会遇到一些问题，却不知如何解决。为了减少问题的出现，我们要明确薪酬设计的原则。

第一，企业要给员工发未来工资，用社会的财富激励自己的团队；越是高层，未来工资占比就越高。

我们把企业给员工的工资分为当下工资和未来工资两个部分。当下工资又叫固定工资，无论工作干得好坏，钱都要发；未来工资也就是浮动工资，就是员工的未来工资和他未来的结果有关系——未来的结果好，未来工资就高；未来的结果坏，未来工资就低。

企业为什么要用社会财富激励自己的团队？因为经营企业不是老板手上有钱就给大家发工资的。既然我们是一家企业，我们就要向市场要钱，拿回来再分。并且越是高层，其未来工资占比就越高。比如，总经理每个月的固定工资可能是1万元，如果他干得好，年薪过百万元也是比较常见的。过百万元的年薪就是未来工资。

比如，现在有很多企业的高层工资是年薪50万元，每个月按平均数发就可以了。这样的薪酬发放方式是不会令员工为企业创造更多价值的。所以我们要拿社会财富激励员工。

第二，发的任何一笔钱都要有依据，不要发承诺以外的工资；发承诺以外的工资，容易滋生贪婪。

以前很多企业发工资的时候搞"大锅饭"，干多干少都能领到同样的工资。现在企业不能用这种方式发放工资，企业也不要发承诺以外的工资，之前和员工怎么承诺的就怎么发，绩效结果怎么样就怎么发。

发承诺以外的工资，容易让员工产生贪婪。员工认为企业今天发了，明天还得发；即使明天企业亏钱了，员工认为还是要发，如果不发，员工可能会产生不满情绪。

第三，职位有升也有降。

一个员工在一家企业挣到钱后，就一定会长久地干下去吗？答案是不一定。有一部分人在获得了一定财富之后，开始思考自己在企业的发展和未来。这时，企业就要考虑他们的晋升，帮助他们实现职业生涯目标。

有一些企业存在这种情况：员工只能升职，不能降职。原因之一是企业只告诉了员工如何升职，却没有告诉员工如何降职。员工如果被企业降职了，就会觉得没面子，可能会直接辞职。如果企业在告诉员工升职的同时，也告知降职的风险，员工就会做好心理准备。

我们公司也有很多总经理、总监被降级的，这种情况非常普遍。所以晋升不仅包含升，也包含降。

### 3. 绩效和薪酬结构之间的逻辑关系

有很多企业的业绩指标最高分是20分。有的企业认为个别员工干得多、干得好，为什么不多给他发一些奖金？这就出现了"上不封顶，下不保底"的现象——干得好，得分就高；干得差，得分就少。这种情况容易造成一种现象：得分高意味着工资高。

假设业绩每增加5万元，得分加5分，甲在1月份的业绩是200万元，比公司规定的标准多出100万元，也就是多出100分，再加上业绩指标最高分20分，甲的得分是120分。下不保底也会出现一个问题：比如，公司规定员工迟到1次扣2分，本月甲迟到了30次，要扣掉60分，那么，用迟到指标的权重分10分减去60分，得分是负50分。甲的业绩指标与迟到指标的权重分之和应该是30分，现在，甲的这两项指标之和是70分，这30分的权重就没有意义了。

有人觉得甲业绩好，只给他20分会比较吃亏。出现这种情况的原因是绩效和薪酬的联结出了问题。

工资通常包含至少三个部分：固定工资、绩效、奖金。假如一个业务员的业绩权重占20分，他的业绩又比较突出，他的提成奖金也会在业绩指标体现出来。

也有人觉得已经迟到第3次了，分扣也扣完了，以后就天天迟到吧。遇到这种情况我们该如何处理？其实我们也可以把迟到体现在固定工资里，迟到1次，具体扣多少钱，也要明确规定。所以我们会发现，迟到也有可能具有双重性。当然，员工如果不迟到，就会得到出勤的满分，同时我们还应用全勤奖的形式，鼓励员工上班不迟到和不请假。

销售额这一指标具有三重性，它在固定工资、绩效、奖金均能体现。假如一个员工的业绩是50万元，基本工资是3000元/月，奖金可以按照业绩评定；员工的业绩是100万元，基本工资是5000元/月，业绩也会有所增加。

薪酬结构比绩效考核本身还重要。薪酬结构决定的是这家企业背后的文化和员工的导向。

薪酬结构的导向重点只能解决一个问题——你可以把重点放在绩

效上，也可以把重点放在固定工资上，还可以把重点放在奖金上。一旦问题没有被解决，就意味着薪酬结构需要优化和改进。因此，我们发现有些公司的薪酬结构经常做出调整。

设计工资的核心不在固定和绩效工资，而在奖金部分。奖金要实行分级。

级别一，按销售额给员工发奖金。

级别二，按毛利润给员工发奖金。

级别三，按净利润给员工发奖金。

级别四，以个人或以项目利润为标准给员工发奖金，该利润叫核算利润。

级别五，按部门利润为员工发奖金。

级别六，按照公司利润为员工分红。

级别七，按股份分红。

这些级别具有一定的目的性，它们解决问题的方向完全不同。

比如，我们把销售额的提成叫作销售额提成，把毛利润、净利润的提成叫作利润提成。销售额强调的是以销售为导向占领市场。毛利润和净利润不仅是占领市场，还要以真正的结果为导向。

项目和部门这个级别，考察的是团队作战，而不是强调个人的单打独斗。如果公司在设计薪酬时忽略了这两个级别，会影响团队建设，也不利于人才的培养。

除了上述七个级别以外，真正能激发员工和团队，让业绩持续提升的动力就是超产奖。比如，我们做三级目标的目的之一是产生超产的部分。

以上就是绩效和薪酬结构之间的逻辑关系。

## 4. 绩效考核与薪酬调整结合

我们可以将绩效考核分数进行层级划分，见表4-6。

表4-6 绩效考核分数层级划分

| 等级 | A | B | C | D | E | F |
|---|---|---|---|---|---|---|
| 评价 | 卓越 | 优秀 | 良好 | 一般 | 合格 | 差 |
| 具体描述 | 实际表现显著超出预期计划/目标或岗位职责/分工要求，取得特别出色的成绩 | 实际表现达到预期计划/目标或岗位职责/分工要求，取得出色的成绩 | 实际表现达到预期计划/目标或岗位职责/分工要求，取得比较出色的成绩 | 实际表现基本达到预期计划/目标或岗位职责/分工要求，有少量不足或失误 | 实际表现勉强达到预期计划/目标或岗位职责/分工要求，有一定不足或失误 | 实际表现未达到预期计划/目标或岗位职责/分工要求，有重大失误 |
| 得分 | 100~90分 | 89~85分 | 84~80分 | 79~70分 | 69~60分 | 60分以下 |

企业在对绩效考核分数进行分档时，可以先试行绩效考核，当绩效考核试行一到两个月，掌握一定的绩效数据后再与薪酬正式挂钩。

## 5. 绩效分数与绩效工资换算

将绩效分数换算成绩效工资，又要结合绩效分数及时调整工资。企业在施行时，可以结合企业实际情况对表4-7所填写的数据进行修改。

表4-7 绩效系数标准与绩效考核得分

| 绩效系数标准 | 120% | 100% | 80% | 60% | 0 |
|---|---|---|---|---|---|
| 绩效考核得分 | | | | | |

### 6. 绩效考核与调薪级别

确定薪酬调整周期：一般建议以半年或一年为一个周期，企业也可结合实际情况进行调整。

确定调薪级别：一般根据累计月度绩效考核级别数量，即 A 级、B 级、C 级、D 级数量，确定调薪级别。

## 晋升标准

在企业里面，员工升和降的标准有两个依据。

第一，晋升路线图。

晋升路线图主要包括技术路线图、营销路线图、职能路线图和管理路线图。每个人擅长的领域不一样，不能今天做技术、明天做营销、后天做管理、大后天做职能。很多人通常会在 1~2 个领域内做出选择。

第二，晋升标准表。

晋升标准表的内容包含业绩指标、人才培养指标、参加相关学习并通关（又叫学习指标、胜任力指标）、岗位特定指标、保级条件。

## 心态培训和技能培训相互配合

如果员工不能胜任某个岗位的工作，企业必须对他进行培训，让他有能力胜任该岗位的工作。如果企业不想培训他，可以调整其岗位。

一些企业的培训存在问题，他们让员工学的内容很多，什么培训内容都有。还有一些企业告诉员工，在我们公司做业务，只要心态好，就没有完不成的业绩，即使在市场上遇到一些障碍也没有关系，只要调整心态,就一定会做出业绩。结果却是员工在遭受市场多次打击后选择离职。我们通常把这种情况叫作"见光死"。

员工刚入职时,心态往往都比较好,经过一段时间后,心态可能会发生变化,对工作有情绪。而企业强调员工要有良好的心态,却从来没有告诉员工该如何调整、有效的方法是什么,这样是解决不了任何问题的。很多企业缺少流程、标准,以及系统性的技能和工具,所以只能强调员工的心态。这并不是否认心态的重要性,而是一定要在员工能够胜任岗位的基础上谈心态。一名优秀的员工要靠两个方面:一是心态,二是技能,二者缺一不可。很多企业过多地强调员工心态的重要性,却忽略了对员工能力的培养。

我们发现,企业的很多问题是由企业各种管理机制不合理造成的,例如绩效机制不合理、用人机制不合理,这些都属于技能层面问题,而不是心态问题。员工刚刚加入企业时,心态都比较好,都想把工作做好,做不好很可能是因为能力不足。所以,企业一定要在个人有能力胜任岗位的基础上谈心态,这才是有用的。

对于员工的心态,不同的企业间的问题也不一样。普通企业会这样问:"你对企业忠诚吗?遇到困难你会主动克服吗?这个岗位工作有些苦,你愿意坚持吗?这个岗位需要长时间出差,你能接受吗?"优秀的企业则会这样问:"这项工作你会做吗?谁可以证明你做过这项工作?"

优秀的企业会调查应聘者是否做过这项工作,以及他的工作能力、工作结果。岗位胜任力要以结果、技能为导向,而不是以心态为导向。

所以培训要从两个方面入手:一个是心态,比如,通过企业文化调动员工的积极性;另一个是技能,指的是增强员工的岗位胜任力。

# 绩效面谈辅导与沟通

绩效面谈是指考核者就绩效指标、进度、存在问题、需协助事项等，与被考核者进行高效沟通，以促进被考核者完成绩效的一系列行为。绩效面谈的目的不是批评与监控，也不是插手下属工作，而是上下级坦诚交流，它是一种工作行为，是上级必须会做并且一定要做好的一项工作。

如何进行绩效面谈？详细内容可以参考表4-8。

表4-8 绩效沟通准备

· 考核者：

| 准备事项 | 完成打√ |
| --- | --- |
| 1. 阅读先前设定的工作目标 | |
| 2. 检查每项工作目标完成的情况 | |
| 3. 从员工的同事、领导、客户、供应商处搜集关于本员工工作表现的数据 | |
| 4. 给员工的工作成果和表现打分 | |
| 5. 对于高分和低分的方面要搜集翔实的资料 | |
| 6. 整理该员工的表扬信、感谢信、投诉信等 | |
| 7. 为下一阶段的工作设定目标 | |
| 8. 提前一星期通知员工做好准备 | |

（续表）

- 被考核者：

| 准备事项 | 完成打√ |
|---|---|
| 1. 阅读先前设定的工作目标 | |
| 2. 检查每项工作目标完成的情况和完成的程度 | |
| 3. 审视自己在公司的行为表现 | |
| 4. 给自己的工作成果和表现打分 | |
| 5. 哪些方面表现好？为什么 | |
| 6. 哪些方面需要改进？行动计划是什么 | |
| 7. 为下一阶段的工作设定目标 | |
| 8. 需要的支持和资源是什么 | |

绩效面试，考核者需要提前至少一个星期告知被考核者，他需要准备什么材料，以及考核时间、地点、时长等内容。详细内容可以参考表4-9。

表4-9 绩效检视问话模版

| 步骤 | 要点 | 检视成果 |
|---|---|---|
| 回顾目标 | 当初的目的是什么 | |
| | 当初设定要达成的目标是什么 | |
| 检核结果 | 现在完成的结果是怎样的 | |
| | 目标达成率是多少？与原定目标差多少 | |
| 过程回放 | 回顾这个过程，值得肯定的是什么 | |
| | 回顾这个过程，有待提升的是什么 | |
| 总结提升 | 哪些关键要素是通过这次检视发现的 | |
| | 下一步如何改进和提升，让目标达成更轻松 | |

在整个绩效面试过程中，考核者负责询问，被考核者负责回答。作为考核者，我们要把被考核者回答的内容记录在对应要点问题的"检视成果"一栏中。问话的顺序是不能变的。我们开始可能会感觉

这样问有一些不适应，但是这些问题是已经被很多人验证过的，或者我们可以问类似的问题，但是绝对不能打乱顺序。这是绩效面谈的一个非常重要的工具。

## 绩效面谈的沟通模型

绩效面谈需要掌握一些技能，其背后的逻辑理论我们也要掌握。如果我们不能掌握这些内容，许多事情的发展可能会事与愿违。

在沟通过程中，考核者要掌握有效的说话模式和沟通技巧。我认为决定一个人的沟通水平和结果的主要因素是说话的模式。

一个人滔滔不绝，不代表他会演讲；一个人口若悬河，不代表他的沟通水平高。沟通水平取决于这个人的说话的思维模式。思维模式对了，话就说对了；思维模式错了，话怎么说都是错的。

语言组织看似简单，如果不能掌握有效的思维模式，你可能会说错话。

> 有一天你被客户投诉，领导和同事也批评指责你，此时你的情绪低落到了极点。你在下班路上想，我一定要让孩子好好学习，不能像我一样受这种气。回到家你看见孩子在看电视，马上火冒三丈，大声斥责孩子："把电视关上！你知道我今天为什么受这么多气？就是因为我小时候不好好学习。如果你不好好学习，我就收拾你！"孩子很委屈地说："我的作业早写完了，妈妈说给我 30 分钟看电视的时间，我刚把电视机打开，你就回来了。"

类似误会是可以避免的。为了避免误会的发生，我们要学习几种有效的沟通方式。

**1. 避免误会式的沟通**

公司在做绩效考核的时候，员工的业绩不够好，绩效不达标，可能会让主管对员工产生误会。如何避免误会式的沟通方式？我们有一个非常实用的万能公式：

第一句话，我看到了什么；

第二句话，我的感受是什么；

第三句话，你认为呢？

学会了以上三句话，你就能避免大量的误会发生。避免误会式的沟通有效方式之一就是多给别人解释澄清事实的机会。

**2. 积极反馈式沟通**

既然我们知道了背后的逻辑，那么从语言上应该如何表达？积极反馈式沟通可以这样安排：

第一段，肯定对方的成果、动机或者闪光点；

第二段，对肯定的事找出和目标存在的差距；

第三段，说出期望，激励对方。

第一段的意思是，这个人做出的结果非常好，就肯定他的结果；如果这个人的结果做得不好，就肯定他的动机，他的出发点是好的，是在为公司着想；如果这个人动机一般，就找出他的其他闪光点加以肯定。

第二段是对他做的肯定的事，做一个行为的证明。

第三段是如果这个人确实做得不好，需要改正，那我们该怎么说呢？我们肯定不能直接说："这事你做错了，下次要改，不改我收拾你。"这听起来太生硬了。其实我们可以把一些负面内容转化为正面内容。比如，本来是批评的语气，我们可以这样说："我认为你在一些方面还有很大的成长空间。"

### 3. 感谢式沟通

这种沟通方式的公式如下：

第一段，借助大家的掌声，感谢……

第二段，如果没有这次……，我还是以前的……，正是有了这次……，我得到了……

第三段，再次借助大家的掌声，感谢……

我们来逐段分析。

第一段，我们要借助大家的掌声向第三方表示感谢。比如在培训会议现场，我们要在台上感谢公司、老板或者带领人，感谢主办方，如果有客户坐在台下，就要感谢客户。

在感谢第三方时，有人会借助大家的掌声表达感谢："感谢张总，感谢刘总，感谢公司，感谢主办方，感谢现场的学员，感谢助教……"这就存在一个问题，我们可以借助掌声致谢，然而感谢的人过多，台下观众就不清楚在什么时候鼓掌了。

我的建议是，在感谢完所有人后，你只需要加上"谢谢大家"，然后深鞠一躬，台下的掌声就响起来了。"谢谢大家"一定要放慢语气或者提高音量，引起大家的注意，从而达到借助掌声感谢的目的。这是一个表达技巧。

第二段，"如果没有这次……，我还是以前的……，正是有了这次……，我得到了……"一定要先介绍自己过去的情况，再介绍自己现在的情况。只有介绍了过去的情况，才能和现在形成对比。如果改变陈述顺序，别人就感受不到强烈的对比了。

比如，我对大家说："如果我这次没有学习管理铁军课程，我对团队还处在一个不理解甚至抵触抱怨的阶段。正是通过这两天的学习，我对经营和管理关系、对目标设定的理解都有了新的看法，主要有三点感受……"

我们千万不要说得过多，说得过多并不能证明自己有多少值得称道的观点，别人也会觉得这是在浪费时间。

如果公司让你就公司改革、产品更新、制度执行等话题发表观点，你陈述两点就够了。如果你还有第三点看法，可以告诉大家"我再补充一条"。这样讲话既有逻辑，也显得简洁，不容易出问题。

感谢式沟通方式也可以应用于绩效面谈，或者绩效面谈可以借鉴感谢式沟通方式的技巧。

我们有时候不小心就陷入误区。大家学了这几种讲话模式之后，不要以为自己就真的掌握了，因为听懂、听会和会用是完全不同的层次。

曾经有人问我讲课是否有秘诀。我说有，多讲就行了。他问是否存在其他诀窍，我告诉他，见人就讲。

讲话是一种技能，熟能生巧。我们知道了这种说话模式，就要多加练习，也要根据别人的反应，不断优化、完善这种模式。

管理也是如此。我们千万不要追求管理模式的高大上，觉得某个企业的模式很好，或者某个讲师的观点很新颖，就直接套用。某个模式或者观点很好，却不一定适合你的企业。企业要根据自己的实际情况，对一些模式或者观点加以转化，从而让它们更好地为自己的企业服务，创造出更多的价值。

## 绩效考核各个阶段的沟通

### 1. 绩效考核前对接与沟通

第一，确立考核事项。

明确目标、定义标准和公司期待。

选择考核工具：KPI、BSC。

正向对话，比如，给员工分奖金，而不仅仅是分任务。

第二，标准量化。

关键考核，各自独立的评估准则。

设置弹性的考核项目。不同的岗位、不同的时期，考核项目要有所不同。

第三，确认签字。

以积极方式结束面谈，让下级获得鼓舞与动力。

把自己的事变成员工的事。

### 2. 绩效中辅导沟通

第一，发现问题。

态度方面；

技能方面。

第二，解决问题。

自己主导；

上级支持。

第三，提升绩效。

过程管控；

结果导向。

### 3. 绩效后面谈及改进

第一，找出问题。

讨论差异；

比较现状与目标；

分析差距及障碍；

总结修正后的价值。

第二，方案改进。

找到原因；

确定方案；

执行步骤；

结果管控。

第三，培训学习。

确立课题；

制定行动方案；

确定具体措施。

## 行为绩效面谈

### 1. 问话模式

示例：

你具备主动性吗？

你能提供证明吗？

你能找到相关证明人吗？

你是如何做到的？

你用这种办法在我们公司也能做到吗？

### 2. 不能问的问题（注意事项）

不能问的问题主要包括：假设性问题、未来性问题、说谎性问题。

## 不同类型员工的沟通方式

优秀的下级：鼓励上进，不要许愿。

进步较慢的下级：要开诚布公，努力沟通，也可以商讨换岗事项。

年长、资格老的下级：要加以尊重，对其过去的表现加以肯定，并为其谋划好出路。

绩效差的下级：要分析原因，对症下药。

有野心的下级：耐心开导，进一步阐明公司的晋升规定。

沉默内向的下级：需要积极沟通，征询他的意见，也要不断启发。

脾气暴躁的下级：要多倾听，少反驳，巧分析，找办法。

## 不同类型员工的管理方式

管愿景：即价值观，主要针对有丰富经验的综合性员工。

管方向：即方向和底线，主要针对有一定能力的管理型员工。

管过程：即主要针对生产型员工和新员工。

管结果：即主要针对知识性和资深员工。

## 绩效考核常见的 22 个问题

（1）问：绩效考核后怎样体现考核结果？

答：考核的直接结果就是分数。每个考核周期，都会有当期的考核分数。

（2）问：怎样根据绩效排名算绩效系数？比如，我们公司的绩效奖金＝绩效系数×应得奖金，系数范围在 0.85~1.1，怎么根据最终名次算出绩效系数？换句话说，考核指标一共是 100 分，考核分数怎样转换为绩效系数？

答：可以根据分数划分等级，或者根据等级划分系数。系数可以设计，既可以和分数保持一致，也可以突破。比如，95 分以上系数为 1.2，85 分以上系数为 1。

（3）问：在绩效考核过程中如何确定权重和考核周期？

答：权重要根据考核指标与被考核者的关系来判断。如果某项考核指标是被考核者最主要承担的，权重就大，次相关的，权重就相对较小，并没有一个绝对的标准。至于考核周期，一般情况下，基层为每个月考核一次，中高层按季度和年度考核。

（4）问：① 中小型企业岗位繁多，但相同岗位人数很少，员工考核采用何种方式比较适合？例如，我们公司当前采用的是 KPI 考核＋相对排序＋强制比例分布（即同一部门内部员工先按 KPI 考核算出得分，然后进行内部排序，排名在前 5% 为 A 等级，排名在前 6%~15% 为 B 等级，以此类推，最后为 E 等级），但是员工普遍不认可这种考核方式，认为不同岗位无法排出优劣顺序，而且每次考核总有人因排名靠后无法得到奖金。请问这种考核方式是否合适？是否有更好的考核方法？

② 工业品制造业公司的销售人员应该采用哪种绩效考核和奖金发放方式？

③ 对中高层应采用哪种考核评估方式？如何考评管理者的能力（如创新能力、领导能力等）和价值观？

答：① 如果企业每个岗位人数少，还是需要按照各岗位考核，不宜进行强制分布。同一岗位人数太少，不便操作，非相关的岗位人员在一起排序，是不公平的。

② 销售人员考核还是要以业绩、回款、新客户增加为主，建议采用提成＋奖金＋罚金的考核方式。

③ 如果公司缺乏能力素质模型的支撑，任职资格体系尚不健全，建议不要对中高层进行硬性考核。对中高层考核，还是以业绩为主。至于其他方面，可以采用中高层综合、模糊评判的方式。

（5）问：绩效考核如何落地？如何设计管理人员和行政人员的绩效考核指标？绩效考核的前期准备有哪些，公司要从哪些方面进行准备？

答：落地有两点很重要，一是考核指标信息的收集，二是考核结果的运用。

对管理人员、行政人员的考核指标设计，要看他们所处的层级：处于中高层的，可以设计公司层面的财务、运营指标；处于基层的，则以他们本身的工作内容为主提炼指标，比如是否有内部投诉，是否出现延误、错误、浪费等。每个岗位都能提炼出考核指标。

前期的准备很多，比如原始信息的收集、职责流程的明确、薪酬的接口等。告诉大家绩效考核对公司、对个人的意义所在，消除大家的恐慌心理。

（6）问：考核的指标由谁确定？

答：以被考核者的直接上级的意见为主，人事部起协调和顾问作用。

（7）问：我们公司对部门进行整体考核，并发放部门考核工资。如何才能公平、合理地把本部门的绩效工资分配到每个员工身上？

答：没有绝对的公平。如果员工暂时还没有实行绩效考核，我们只能根据他们的职位级别对应的系数分配，如主管的系数是1.0，专员的系数是0.8，或者根据员工的工作量和平时完成情况分配。

（8）问：大型集团公司人力资源部在实施绩效考核工作时，考核工作组应该由哪些部门组成？

答：可以成立一个由高层带队、人力资源部协调、各个部门经理为绩效考核小组成员的考核工作组。另外，也可以将一些关键的部门负责人设置为副组长，明确责任，加大其参与力度。

（9）问：目前我公司实行月度和年度考核，但是月度考核系数最高为1.0，也就是说没有加分，而年度是否有加分还未确定。请问这样的考核是否合理？

答：不合理。如果月度没有加分，可以在年度设计加分。如果绩效考核比较顺利，一般情况下，初期也不会考虑设计加分；如果没有加分，成绩在100分或以上，对应的系数可以设计为1.1及以上。此外，可以设计一些额外的奖励。

（10）问：现在绩效考核的最终结果就是扣分、扣工资。如何把这种负向的激励变成正向的激励，从而真正实现绩效管理的目的和预期的工作效果？

答：两种方法。一是设计加分项，得分高者奖金超过奖金基数；二是成绩优异者与调薪、晋升挂钩，不只是发放奖金。

（11）问：怎样利用绩效考核提高员工的积极性？

答：高层重视，考核结果既有奖金、鲜花、升职等正向刺激，也有降薪、淘汰等负向激励。此外，公司辅导也可以帮助员工提升能力。

（12）问：目前大多数企业绩效考核的结果和期望目标存在一定的差距，如何使绩效结果达到最大值？

答：可以分部门、分岗位，逐渐加大考核力度，完善绩效的配套设施。另外，还要完善公司的基础管理，让绩效考核逐渐准确、有效。

（13）问：① 绩效考核可以理解成用今天的结果考察昨天的过程，存在一定的滞后性，并且我们要用这种因为昨天的行为造成的结果去影响明天的工作。这是否存在先天的不足？

② 许多小型民营企业普遍采用的考核模式，主要基于两个要素：一是公司或团队业绩，二是领导的层层评分。我们该如何看待这种考核方式？你们有哪些建议？

答：① 绩效考核是先定目标、过程辅导监控、考核、反馈、改进，其中过程辅导和监控很重要，这两个环节中的一些措施是我们取得良好结果的前提。当然，无论结果好坏，我们都需要承担责任，激励员工。如果说有影响，也是积极的影响，并不是滞后的。

② 方式没有对错，只有适合与否。问题中提到的两个要素也是分层级的，高层当然对公司业绩负责，部门经理对团队业绩负责，基层员工对自己的工作负责。

我个人不太赞成领导的层层评分，只要确定好目标，根据完成情况打分即可。

（14）问：行政后勤类员工适合做绩效考核吗？应该如何做？

答：行政后勤类员工不太适合做绩效考核。可以直接采用奖惩机制。

（15）问：考核分数应该由谁来评分？

答：如果是定量指标，并且有具体的分数，可以由部门经理或人力资源评分。

（16）问：公司执行目标管理，很多团队负责人的业绩目标都设置得偏低，除了公司高层强制要求提高业绩之外，还有哪些措施让负责人主动提高业绩目标？

答：① 设计目标承诺大会，负责人向公众承诺。目标过低，他们也不好意思不完成。

② 目标＝个人承诺＋公司要求＋以往好业绩。

③ 设计底线目标、奋斗目标、挑战目标，完成的目标越高，激励越大。

（17）问：我们公司销售部每月的考核指标只有拜访客户（不是每月都有）数量、打电话数量。还有哪些内容可以成为销售部的考核指标？

答：当月业绩、回款、意向客户增加个数、送样个数、客户投诉次数。

（18）问：如何在企业转型期间完成绩效考核？

答：这一阶段的考核工作可以和正激励挂钩，一些和转型期非相关的职位或指标，可以暂时不考核。

（19）问：我们公司现在由直接领导评分，部门负责人审批，这就导致各部门人员的分数都比较高，并且分数相近。如果按照分数段划分等级，优秀员工人数太多了；如果强制分布，部门负责人会有意见。怎么做比较合适？

答：需要增加量化的指标，取消定性的人为判断，让事实和数据说话。

（20）问：业务人员的考核指标分哪几部分？

答：结果类——业绩、回款、客户增加；过程类——客户满意、投诉；市场类——工作量等。当然，要选择重点指标进行考核。

（21）问：生产制造型企业对研发人员的考核，应从哪些维度设计和量化？

答：可以设计月度考核以及项目考核。月度考核主要针对研发人员平时的工作完成情况，以及和其他部门的配合情况。需要注意的是，结果和绩效考核奖金基数挂钩。项目考核要设计好各个项目的奖金基数，按照项目完成时间、质量、成本等进行。

（22）问：如何对人力资源部、财务部等部门人员考核？

答：人力资源部的考核主要包括招聘计划完成率、培训计划完成率、工资核算等；财务部的考核主要包括各类报表上交是否及时，工资准确率，应付款的发放是否及时、准确，成本费用的控制等。

总的来说，要从他们的具体工作内容入手，围绕时间、数量、成本、质量等维度考核。

# 后记

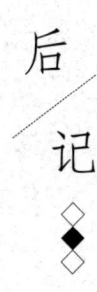

## 让《管理铁军》更好地应用于企业

### 一、知识要转化为生产力

学习有两个过程：一个叫输入，即知道；另一个叫输出，即做到。

我建议大家要学会转化，要把自己学到的知识转化为生产力。比如，我们提到一个工具，可以这样思考：自己公司的某个部门会不会用到这个工具？如何使用这个工具？我们在使用过程中会不会遇到困难？我们应对的方案是什么？因为只有做到才有价值。做到，就是转化，学习最终的结果是要把知识转化为生产力。

为什么有人转化知识的速度快，有人转化知识的速度慢？这和人们的知识半径有很大关系。如果本书的内容在我们的知识半径内，转化速度就比较快，因为这是我们熟悉的领域；如果本书的内容在我们知识半径外围一点，就需要通过努力才能转化，转化速度也就比较慢了。

我们如果刚刚成为管理者，可能知识半径比较小；我们如果从事管理工作很多年，知识半径也会逐渐变大，这和知识沉淀有很大的关系。有了较大的知识半径，我们就可以验证本书介绍的内容以及我们之前的管理方法是否有效，路径是否正确。

## 二、学习的四个层面

人在不同的阶段，学习的内容也不同。学习主要有四个层面。

第一个层面，心态。

从工作的角度出发，心态就是职场价值观。

一个人刚刚走上工作岗位，如何树立正确的职场价值观？除了自己主动学习、主动适应、积极调整外，企业也要正确地加以引导，给予必要的支持。

第二个层面，工具。

我们需要通过工具完成我们的目标和人生规划。

第三个层面，方法论。

被不同的人、不同的企业、不同的团队验证过有效的方法，我们称之为方法论。比如有一个管理方法叫"波特五力"，它在大型企业、小微企业都比较适用。方法论是理论有出处，有原点的。

工具是从方法论中演化而来的。凡是工具，背后都有方法论。经验是很难复制的，方法论是可以复制的，没有方法论的知识很难复制。

第四个层面，经营哲学。

经营哲学是我们在工作中的一个标杆，一座灯塔。经营哲学指导方法论，方法论指导工具，工具指导心态，即指导职场价值观。这是学习的四个层面的内在逻辑。

经营哲学如何用方法论去验证？不同的层级要使用不同的学习方式。比如，基层员工一般学职场心态，中层干部通常会学经验工具，高层可能学习方法论，老板、决策层可能更多学的是经营哲学。

不同的层级，学习的内容也不同。我建议，老板要从原点去学习——用原点支持方法论，用方法论支持工具，用工具支持心态。这是我们对学习的基本认知。

有了这些认知以后，我们可以将知识进行有效转化。我给大家推

| 后记 让《管理铁军》更好地应用于企业 |

荐两个工具：一个是部门改进计划，一个是个人改进计划。

特别是做过 10 年以上管理工作的朋友，更要认真思考，我们面对新的环境该如何做？我们要积极适应需求改变。

《管理铁军》这本书关于心态方面的内容比较少，更多地阐述了工具和方法论。希望《管理铁军》能为大家适应新环境提供一些思路和策略。